给你一个团队

你会怎么带？

刘漠◎著

煤炭工业出版社

·北 京·

图书在版编目（CIP）数据

给你一个团队：你会怎么带？/ 刘漠著． -- 北京：
煤炭工业出版社，2018
ISBN 978 - 7 -5020 -6868 -4

Ⅰ.①给… Ⅱ.①刘… Ⅲ.①企业管理—组织管
理学 Ⅳ.①F272.9

中国版本图书馆 CIP 数据核字（2018）第 207711 号

给你一个团队　你会怎么带？

著　　者　刘　漠
责任编辑　刘少辉
封面设计　程芳庆

出版发行　煤炭工业出版社（北京市朝阳区芍药居 35 号　100029）
电　　话　010 - 84657898（总编室）　010 - 84657880（读者服务部）
网　　址　www.cciph.com.cn
印　　刷　三河市三佳印刷装订有限公司
经　　销　全国新华书店

开　　本　710mm×1000mm^1/$_{16}$　印张　15^1/$_2$　字数　240 千字
版　　次　2018 年 10 月第 1 版　2018 年 10 月第 1 次印刷
社内编号　20180591　　　　　　　　定价　39.80 元

前言

团队执行力的强弱决定着一个企业的成败。团队建设一直以来都是企业管理中的重点关注项目。无论是国内名企高管，还是国外名企的大 BOSS，都不会将整个团队的问题自己扛，而是选择造就一支优良的团队，做团队的"领头羊"。

团队精神是高绩效团队的灵魂，是团队每一位成员为了实现团队利益和目标而互相协作、竭尽全力的意愿和作风。作为团队的管理者和带领者，不仅要掌握先进的管理方式，更要能想尽办法提升员工的协作能力。

俗话说得好："一头狮子带领一群绵羊，可以打败一只绵羊带领的一群狮子。"由此可见，一名优秀的管理者对于一个团队来讲是多么重要。团队发展是一个企业发展的基石，成功的企业必然拥有一支协作力强、战斗力强的团队。

微软公司联合创始人比尔·盖茨曾经说过："只要允许我带走微软的核心团队，我还能创造第二个微软。"固然比尔·盖茨的个人能力很强大，但是他的话正是对团队力量的肯定。团队就如同一台大的机器，团队中的每个人就如同机器上的零部件一样，只有将每个零部件进行组装，这台机器才有可能良好地运转起来。

在团队中，英雄主义不可滋生，但管理者的管理能力和个人素养对整个团队的发展起着至关重要的作用。正所谓"火车跑得快，全靠车头带"，这就要求管理者要像火车头一般明确方向、充满动力，同时能够将所有员工组织起来、带动起来，让所有成员听从自己的号令和鸣笛，相互协作，向着目标快速奔跑。

《给你一个团队：你会怎么带？》以知名企业都在运用的团队管理法则为基础，以国内外名企经典案例为依托，针对"放权"与"控权"、"执行力"与"沟通力"、"自我塑造"与"团队塑造"这几个方面，教你如何打造最强团队，如何做到"群狼"觅食。

作者

2018.6

目录

第一章　会带团队的领导才是好领导

对于很多管理者来讲，他们要做的不是尽力彰显自己的魅力，通过自己个人的力量实现团队的成功，而是选择一个成功的团队，或者建立一个成功的团队。可以说，会带团队的领导，才是好领导。

第二章　"全权"制不如放权制

一个团队势必会有很多方面的琐碎事情，在面对琐碎事情的时候，作为领导者要做的不是面面俱到，而是学会怎样在关键时期，处理关键事务。此时，"全权"就不如放权了。

第三章　授权是一门管理艺术

授权是门艺术，多一分则肥，少一分则瘦，适度最好。不要为了自己"省心省力"而进行过分授权；同样，授权也不能过分管控，权力下放之后，就不要担心用权不当，否则就达不到授权的意义。

第四章　知人善任，授权方法有讲究

　　对于一个团队来讲，在选拔用人时，应该从团队岗位出发，选择适合的人担当职位，对于职位所要求的能力，员工必须达到。在这个过程中，就要求团队领导者善于寻找适合的人，请合适的人上车，不合适的人下车。

第五章　不做甩手掌柜，该管还要管

　　对于任何一个团队来讲，授权之后必然需要一套监管措施，而这种监管措施必须是贴合团队实际情况的，否则是起不到监管的作用的。

第六章　自我管控，做优秀的带队人

古人云："其身正，不令而行；其身不正，虽令不从。"有什么样的领导，就会有什么样的下属。只有自己起到表率作用，下属才会按照指令做事情，否则，即便下了命令，也是阳奉阴违的人多。

第七章　有效沟通，成就高效团队

　　世界著名的未来学家约翰·奈斯比特说："未来的竞争将是管理的竞争，竞争的焦点在于每个社会组织内部成员之间及其与外部组织的有效沟通。"沟通是管理的灵魂所在，及时有效的沟通决定了管理的效率。

第八章　避免团队失败，做团队的掌舵人

一个成功的团队必须有明确的发展方向和目标。工作目标往往决定着这个团队是否具有凝聚力，一个没有目标的团队，就如同无头苍蝇，只能是乱飞乱窜。

第一章　会带团队的领导才是好领导

　　对于很多管理者来讲，他们要做的不是尽力彰显自己的魅力，通过自己个人的力量实现团队的成功，而是选择一个成功的团队，或者建立一个成功的团队。可以说，会带团队的领导，才是好领导。

不了解员工，怎么带好团队？

　　著名管理学家卡特·罗吉斯曾经说过："如果我能知道他表达了些什么，如果我能知道他表达的动机是什么，如果我能知道他表达了以后的感觉如何，那么我就敢信心十足且果断地说，我已经充分了解他了，也能够有足够的力量影响并改变他了。"他所讲的就是一个了解员工的方法，然而在实际工作中，绝大部分管理者并不了解员工，或者说不能够透彻地去了解员工，从而导致了诸多管理困惑。

　　一个企业能否经营成功，很大一部分取决于团队中每一位员工的工作状态，而员工的工作状态绝大部分也是由员工的生活状态和内心状态所决定的。由此可见，作为管理者，要想充分了解员工，就应该从多方面着手，简单通过眼睛观察到的工作表现不一定是员工真实的状态。很多管理者也有同样的困惑，他们希望充分地了解员工，但是不清楚具体要怎么实现。

　　美国洛杉矶的一位青年管理者汤姆森为了带领团队扩大经营规模，大胆地在分公司卧底了一个月。他先是进入了公司的营销岗位，在这个岗位工作的过程中，他会认真地观察每一位员工，包括部门管理人员。紧接着，汤姆森以不适应营销工作为借口，进入了人事部，做起了人事总监的司机，在开车的过程中，他通过总监了解所有员工的心态和工作状态。就这样，汤姆森用了一个月的时间，进出各个部门，最终获得了大量极具价值的信息。

回到总部后，汤姆森开始反思："这些员工信息一直都是存在的，可为何我不知道？"他总结其根源在于组织管理中存在盲点，这些盲点导致自己无法更好更彻底地了解员工。

通过汤姆森的体验，管理者也应该意识到阻碍自己了解员工，不能更好带领团队的原因有几个方面：

首先，管理者缺乏了解员工需求的意识。意识的缺乏是一件恐怖的事情，缺少主动了解员工的意识，往往会造成使员工"苦不堪言"的后果。管理者最重要的职责是让下属发挥所长，最大限度地调动员工的工作积极性，因此，管理者就应该了解员工真正的需求是什么。比如，很多团队带领者会选择用激励员工的方式来达到经营的目的，但这种方式实施的前提则是了解员工的需求，正所谓"你给的，正是我想要的"。

其次，管理者缺乏了解员工需求的途径。跟员工谈心？想当然？这些恐怕都不是有效的办法。虽然很多团队会定期进行员工满意度调查，但大多并不调查如何才能让员工满意，更有甚者，有些管理者认为员工的需要根本无须关注，只要他们完成规定的工作任务即可。这些不注重了解员工需求的企业，往往不会有好的"声誉"。

那么究竟怎样的渠道才能够真正了解员工的需求呢？管理者完全可以通过非正式沟通渠道了解，比如组织和员工一起出游或活动，如马云在公司年会上故意搞怪，大跳搞怪舞，借此来拉近与员工之间的距离。另外，管理者还可以借助一切机会，与基层员工进行非正式交谈，或者对员工进行家访等，都是不错的方式。

再者，团队缺乏有效的信息获取与传递机制。日本的一些公司倡导老板和高层管理者经常下基层进行走动式管理，不得不说，这也是一种获取有效信息的方式，当然，这种方式所获取的信息可能存在误差。现在一些大规模的公司，还会在内部专设信息部门与信息主管，通过互联网的信息收集功能，将员工的信息与动态传递给高层管理者，从而达到了解员工的目的。

最后，团队缺乏对员工心理预期的管理。员工到底在想什么，很大程度上取决于员工的心理预期。任何员工进入企业来工作都是带着预期来的，作为管理者应该第一时间了解员工的心理预期，只有这样才能避免员工因为达不到心理预期而辞职。

对员工的了解不应仅仅局限在员工的需求方面，还包括对员工性格与优势的了解。所谓"天生我材必有用"，讲的就是每个人都有其特长或者优势所在，将对的人放在对的岗位，这样团队的工作效率才可能有提升。另一方面，每位员工的性格都是不一样的，管理者要学会观察员工的性格特点。比如反叛倔强型的员工，自尊心一般较强；循规蹈矩型的员工，多半具有"不求有功，但求无过"的心理；急于表现的员工，往往急于求成；等等。

面对不同性格特点的员工，管理者应该利用其性格优势，避开其性格弱点，只有这样才能够带好团队。

纵观商场，我们会发现大的企业，往往都十分关注员工的一切动态，包括员工的家庭状况，这样做是为了避免员工因为家庭原因而导致工作的不稳定性。当然，这也是提升员工满意度的有效着力点。

对于一个团队来讲，每一位员工都是团队的一员，只有掌握每一位员工的需求与动态，才能够保证团队不"出轨"，这也是管理者带好团队的关键点。

好领导总是最后考虑自己

在大学时代，我们会遇到这样的事情，在学校春节晚会上的小品表演中，担当配角的多半是班级干部，他们常常会将主要角色让给别人，剩下什么角色自己就扮演什么角色。所以在毕业多年之后，我们仍然能够记住的大学同学的名字多半是班干部。以此为例，如果将一个班级作为一个团队来讲，那么班干部就是其管理层，在带领团队完成某项目标的过程中，他们将重要的角色或者说有利的角色让给员工，最后考虑自己的得失，这本身就是一种管理之道。

在企业中，管理人员承担着更大的责任，不管带领什么样的团队，在考验管理者的时候，往往需要管理者表现出勇于担当的魄力。企业的管理人员要将勇于担当作为一种基本素养，不当评论员，不当旁观者，不做"自私鬼"，而是要强化责任意识，在面对超出自身职责的危机与风险时，要站在最前方。这种勇于担当的意识，就是将员工利益放在首位的表现。

通用电气前任总裁杰克·韦尔奇在退休前最后一次年报——一封给股东的公开信中提到，他最值得骄傲的事，不是自己在职期间将通用打造成了全球规模的企业，而是在一次员工家庭对公司满意度调查当中，得到了高达92%的满意度。员工满意度如此之高，这主要体现了什么？这体现了在利益方面，管理者能够将员工利益放在前面，将自身的利益后置。

从另一方面来讲，作为一个团队的管理者，有责任保证每位员工的合理利益。即便是为了实现企业的发展目标，也绝对不能忽视团队成员的正当利益，要知道企业的发展绝对不是拿牺牲员工利益作为代价的。

很多培训师在管理者培训课上都提到过瞎子与跛子过河的故事：瞎子与跛子一起过河，瞎子听着河水声不知所措，跛子看着河水一筹莫展。可"过河"这个共同的目标促使他们达成了合作，瞎子背起跛子，跛子充当瞎子的眼睛，利用彼此的优势，顺利地过河上岸。在我们的工作中，领导者和员工是合作并存的关系，无论是为了共同的目标还是为了克服某种困难，领导者都要学会将员工的利益放在首位，而不是将自己的得失放在第一位。如果只顾及自己的利益和自身得失，就会导致已经完成的工作化为流水，团队的付出功亏一篑。

作为一名管理者，要时刻保持清醒的头脑，"事不关己，高高挂起"的思想千万不能有，这不是一位领导者该有的素质体现，"明哲保身、但求无过"的思想往往是促使团队走向失败的根源之一。

格力集团董事长董明珠脾气火暴在业内是出了名的，虽然格力的员工都怕她，但董明珠却一直在格力掌门的位置上坐得稳稳当当，大家都对她心存敬意。我们不妨从下面这件事情来进行分析：

一位格力的员工发现一家长期合作的供应商所提供的商品存在质量问题，为此，他要求与这家供货商终止合作，供应商想通过请客吃饭来解决此事，没想到这位员工强硬地拒绝了。这家供货商发现软的不行，便雇了打手将这名员工暴打了一顿。

此事传到了董明珠的耳朵里，她对这名员工说："你要立刻报案，通知治安部，通知你的上级领导。"但这个员工抱怨道："领导说治安不好，注意点安全。我天天都要加班，怎么注意呢？"听完被打员工的这番话，董明珠生气了，紧接着她做了三件事情：第一，报警，让治安部的人24小时跟在警察后面，直到破案为止；第二，将这个供货商纳入黑名单，永远不再合作；第三，将被打员工的领导免职。

在董明珠看来，员工的安全要远远高于更换合作商造成的损失。这位面冷心热的霸道总裁一直把员工的利益放在首位，全力保护员工。在处理这件事的过程中，董明珠没有考虑过自己的利益或者金钱的损失，她考虑的是员工的利益。

作为一名管理者，只有多考虑员工的得失，将员工放在首位，其带领的团队才能在商场上立于不败之地。自私的领导者万事只想到自己，不会顾及员工的死活，最终，员工也会大难临头各自飞；好领导会事事考虑到员工的利益，吃小亏，得人心。

以身作则，打造高信任度的团队

子曰："其身正，不令而行；其身不正，虽令不从。"讲的就是当管理者自身端正，做出表率时，不用通过下命令的方式，也能带动被管理者；相反，如果管理者不能以身作则，只是一味地命令被管理者，纵然三令五申，被管理者也是不会服从的。所以管理者在团队中，做好表率是十分必要的，所谓以身作则，就是把自己树立成榜样，这样才能令行禁止；否则，虽有令有规，也终究不能推行。

在一个团队中，团队的领导者总是员工关注的焦点。管理者的一举一动不仅影响着团队成员的工作心态和效率，也影响到你在员工心目中的形象。振臂一呼，应者云集的领导力并不是管理岗位所赋予的，而是通过领导者以身作则的行为影响，在员工心目中产生的共鸣。

不能做到以身作则的领导，是无法做到以德服人的，如果无法取得团队员工的信任与支持，那势必会面临失败。合格的领导者必然明白，自己存在的价值是帮助团队成员解决困难的，而不是将最困难的事情全部推脱给员工去做的。如果在遇到困境时，领导者就慌里慌张，乱了阵脚，可想而知，你的下属怎能不乱了心智呢？

美国女企业家玛丽·凯在经营管理的过程中，非常注重企业经理的榜样作用，她认为："经理作为一个部门的负责人，其行为受到整个工作部门员工的关注。人们往往模仿经理的工作习惯和修养，甚至可以说是如法炮制，而不管其工作习惯和修养是好还是坏。"在现实生活中，管理者的行为本身就是一面镜子，员工会学习管理者的行为。管理者处处为员工树立一个高标准的榜样，员工才能更加信任管理者，更加信任团队，团队成员才会做得更好。

长江实业的发展过程可谓是大起大落，但却很少有员工跳槽，这不能不说是李嘉诚用人的成功之处。谈及老板李嘉诚，恐怕员工印象最深的就是他以身作则的好形象，也正因为他的以身作则，才使得员工愿意跟着他创业。曾负责长实集团地产业务的盛颂声就是长实的"终极粉丝"，他在谈到长实成功的原因时说："这主要是靠李嘉诚先生的决策和长江实业同仁上下齐心的苦干。李先生每天总是8点多钟到办公室，过了下班时间仍在做事，公司同仁也都如此，这就使长江实业成为一家最有冲劲的公司。事业有成之后，李先生又尽量宽厚待人，使和他合作过的个人或集团，全都赚得盆满钵满，这便奠定了长江实业今后做更大发展的基础。"

可见，一个成功企业的标志，便是领导者是一位充满魅力的人物，而其魅力的展现自然少不了以身作则的责任感。

可能会有管理者说自己找不到实现以身作则的好办法，其实，不妨从以下几方面来进行考虑：

第一，转变管理观念。管理是什么？很多管理者认为管理就是制定规章制度，很好地约束员工。其实不然，一个团队固然需要规章制度的约束，但是管理的目的并不只是为了约束员工工作。管理者不妨转换思想，将管理与服务连接在一起。对团队的管理无非就是为了实现更好地服务客户的目的；从另一个方面来讲，管理者要服务好团队成员，这样做的目的是为了让员工感受到企业文化的魅力，从而将这种企业文化进行传播。

第二，树立努力工作的榜样。领导者建立榜样的最好方法就是努力工作。不难发现，越是平凡、踏实、努力的管理者，越是能够得到员工的尊重与喜爱。在工作中，作为管理者，不要想着如何减轻自身的工作负担，而是应该想着自己能做什么，只有这样，员工才能以你为表率，服从你的管理。

第三，提高对自己的要求。领导者应该做到严于律己，不要违反规章制度。很多管理人员会将自己的工作看作是例行公事，因此做起事来总是没有激情。其实，作为管理者应事事力求完美。对自己要求严格的领导者，往往能够赢得员工的尊重与仰慕。

第四，热忱地做每一件事。热忱多半表现在工作状态上，作为领导者，你的工作状态是否积极，是很容易影响到团队成员的。一个拖拉的管理者，是没有资格要求团队成员高效工作的。对待员工也是如此，要热诚地对待每一位成员，不要受自我情绪的影响，冷落积极奋进的员工。

合格的管理者不应该是只懂得要求员工，不懂得要求自己的人。要让自己成为员工行动的"模版"，成为员工最值得信赖的人。自然而然，员工会信赖团队的力量，从而更加努力地去工作。

团队执行力决定团队工作效率

什么是团队执行力？这不难理解，就是一个团队将战略与目标转化成成果的能力，在转化的过程中，强调"速度"与"时间"。团队执行力的高低，决定了一个团队能否高效地完成现有工作，从而实现团队的目标。

对于一个团队来讲，要想提高工作效率，就应该明确执行目标。在实际工作中，管理者要学会分解任务，切实按照团队的实际情况，广泛地听取员工意见。在做好详细分析之后，不断优化工作流程，并且尽可能详细地分解任务，促使团队成员一目了然，明确岗位职责，知道自己应该做什么、不应该做什么。

高效的团队执行力取决于确立可操作性的执行力。即按照实际情况，进行工作的安排与分解，不能随心所欲，时间就是效益。用有限的时间，尽可能地处理更多的事情。将大部分时间用在重要事情的解决上，将少量的时间用在琐碎事务的处理上，这种时间上的安排，有利于提高工作效率。

马云曾经说过："阿里巴巴不是计划出来的，而是'现在、立刻、马上'干出来的。"马云对自己团队员工的执行力要求是相当严格的，不仅是要求员工，他对自己也有很严格的要求。在阿里巴巴成立之初，他反复要求员工必须有很强的执行力。他的理由是："工业时代的发展是人工的，而网络经济时代的一切都是信息化的，难以预测。"在阿里巴巴创业初期，"现在、立刻、马上"一度是马云的口头禅。

作为团队的领导者，马云十分清楚，只有高效的执行力才能保障一个企业的成功，尤其是对于一个刚成立的公司来讲，没有高效的执行力，一切的计划和设想都是无法实现的。

在阿里巴巴被国人广泛知晓后，马云在一次记者提问时回答道："有时去执行一个错误的决定总比优柔寡断或者没有决定要好得多，因为在执行过程中你可以有更多的时间和机会去发现并改正错误。"或许正是因为有了马云的坚持，才有了现在的阿里巴巴。马云说："我很少固执己见，1000件事里难得有一件；但是有些事，我拍了自己的脑袋，凡是自己觉得有道理的，我就一定要坚持到底。"

既然团队的执行力决定了团队的工作效率，那么怎样才能提升团队的执行力呢？

首先，作为领导者，要具备改造团队的魄力和勇气。不是所有的团队都与生俱来是高效的，此时就需要一位勇敢的领导者，大胆地去改造团队。或许在改造的过程中，会被质疑，会有阻碍，但是坚持改造团队，势必会见到成效。

在改造的过程中，难免会发现问题，此时发现问题就要及时改正，不要拖延时间或者给自己找借口。因为团队中一个问题的存在很可能会迅速同化其他优秀的品质，从而使团队的工作效率大大降低。

其次，建立核心团队。所谓核心团队指的是将重要岗位的员工集合起来，达到重点培养和指挥的目的。这个团队中的人，必然是有能力、有责任心的人。当然，这并不是意味着领导者可以只关注核心人员。领导者要关注团队中的所有人，让核心团队起到带头作用。

最后，制定并遵循统一的规范。作为领导者，一定要明白在整个团队中，是不存在"特例"的，每个人都要遵循制定的规章制度。卡耐基有句名言："对于一个上班迟到的人来说，你如果不惩处他，那么工厂里其他所有人也就都有了迟到的理由。"

在整个团队中，一旦有"例外"发生，便会有接二连三的"特例"存在，久而久之，例外就会成为惯例，团队也就丧失了执行力。

对一个团队来讲，只有高效的执行力，才能让自己的团队立于不败之地。只有一个注重培养团队执行力的领导者，才是一个优秀的管理者。作为领导者应该具备引导成员提高工作效率的能力，而不应该将时间浪费在犹豫的过程中。

高效执行力的形成需要团队中的每位成员及时总结操作过程中存在的问题，只有对经验进行总结，才能在下次面临同样的问题时，避免出错，从而更高效地完成目标。

用专业的领导力影响团队

领导力就是影响别人，让别人跟从的能力。这种能力不仅包括自身的魅力对他人的影响，还包含职业或者职位给别人带来的影响力。从其构成部分不难看出，在职业方面，越是专业性强的领导力越能够对团队产生影响。

所谓专业的领导力，指的是领导者能够通过提升自我的管理水准，增加自身的管理魅力，从这点上来讲，作为管理者，有必要通过自我能力的提升来提升对团队的影响力。

对于一个团队来讲，不同的发展阶段所面临的问题是不一样的，这就要求管理者在不同阶段的管理重点也要有所不同。比如在团队刚建立之初，作为管理者，应该为团队成员指明奋斗的方向，确定目标；在团队扩大时期，管理者应该提升自身的管理水平，给予团队更专业的引导和管理等。专业的领导力不仅能够提升团队的工作效率，还能够让自身工作更加顺畅。

众所周知，李开复曾任微软公司的副总裁，负责研发各种先进的技术和服务。他负责的部门开发的技术和产品包括语音、全新的搜索和在线服务等技术。看到他的工作范围与负责业务，不了解他的人可能会觉得专业性太强，但对于李开复本人来讲，这就是他所擅长的。从他的求学经历来看，李开复曾就读于卡内基梅隆大学，获计算机学博士学位，他还是一位信息产业的经理人和电脑科学的研究者。对于他的成就，我们不得不说得益于他专业性的领导力。可想而知，如果他的所学与职位无关，那么带领如此专业的团队肯定困难重重。

作为团队的领导者，你拿什么影响别人？当然是你的专业度，当你的团队成员在专业性问题上遇到困难时，你能够以专业技能或理论给予指导，团队成员自然会服从你的管理。具有影响力的领导者，才能够真正实现对团队的有效管理。既然专业的领导力能够影响团队，那么如何提升自我的领导力呢？

首先，身为管理者，需要信任团队成员的能力，尽量不要插手他们专业职能范围内的工作。或许在某一方面，你比他们更专业，但不要在细节方面直接指挥他们如何去做。你需要做的只是将任务传达给他们，然后让他们独立完成工作。如果在执行的过程中，出现纰漏，员工需要帮助的时候，你再出手也不迟。

其次，注意提出建议与帮助的方式。通常情况下领导者不单是一个纯粹的管理者，你可能还是一个有着丰富经验的前辈。所以在团队协作的过程中，要能为团队成员的工作提出合理的建议，但是要注意方式方法，比如提出建议的时候要尽量告知对方哪里不行，而不是单纯主观地说"我觉得不好"。

最后，与团队成员建立和谐的关系。作为管理者，你并不高人一等，你只是与他们的工作内容有所区别而已。所以在与团队成员合作的过程中，要尊重每一个岗位，尊重每一个岗位的劳动成果。

红脸与黑脸，角色变换的艺术

在团队中，管理者到底要扮演怎样的角色？这个问题或许你不曾思考过，但是这个问题关乎团队管理的效果。变脸技艺，想必很多人都曾在电视节目中看到过，而这种"变脸"在团队的管理中也是十分必要的，所谓的"变脸"也就是我们所说的角色变换。

对于团队管理来讲，张弛有度的管理方式才能够让团队中每个人的能力发挥到最大化。我们不难看到，现实中很多管理者习惯了"黑脸"艺术，即经常黑着脸面对团队成员，无论团队成员做得好还是不好、工作状态如何，都是一副面孔。"我们老板总是黑着脸"，当我们听到员工这样的评价时，就应该注意到自身的管理方法了。管理者需要让团队成员对自己产生敬畏之心，但是绝对不能让敬畏变成畏惧，这样的管理方法不但不利于团队成员高效协作，反而会影响到整体工作环境和效率。

我曾经听到过这样一件事：一名刚毕业的学生，进入一家软件公司工作。他很幸运地成了公司新软件研发团队中的一员，带队研发的是开发部的总监。对于刚参加工作的这名学生来讲，工作本身就是有压力的，而这位开发部总监的性格比较严谨、严肃，团队中所有人都没有见过这位总监的笑脸。在研发过程中，这名学生发现在某个程序编码中，存在两个编码错误，但是他也不敢确认自己的判断是否准确，毕竟比自己有经验的大有人在，但是思来想去，他还是决定将自己的判断告知总监。这天一早，他来到总监办公室，正赶上总监对秘书发脾气，这名学生进门之后看到总监如此严厉，吓得什么也不敢多说，转身出了办公室。最终，因为编码错误，这项新软件的研发不得不从头再来。

对于这个案例中的总监来讲，或许他并没有意识到自己的"黑脸"给团队成员带来了怎样的心理影响，但是最终却影响到了整体软件的开发。

在管理过程中，领导者应该想到自身的形象和管理方法会影响到团队的整体工作效率。尤其是当团队成员在工作中出错时，不可不问青红皂白，直接劈头盖脸地大肆批评。每个人都是有自尊心的，要顾忌到员工的自尊心，这样才能够更好地进行管理。那么，管理者在进行角色转换的过程中，究竟要注意哪些方面呢？

首先，张弛有度的管理方法。该放松的时候放松，该严格的时候严格，作为领导者管理起来要有一定的标准，不要让员工觉得没有放松的机会和时间，也不要让员工觉得自己无论做好做坏都不会受到重视。

其次，是领导亦是"队友"。管理者是整个团队的"领头羊"，但是也要让团队成员感觉到你是他们其中不可或缺的一员。当团队中的某个成员遇到困难时，作为管理者应该挺身而出，主动地帮助对方解决困难，而不是一味地责备对方"无能"。共同担当的管理方法，不仅能够拉近你与团队成员的关系，更能够让你在团队中树立威信，这对增强团队凝聚力是十分必要的。

再者，杜绝无休止的批评。犯错，是每个人都难以避免的。能力再强的员工也不可能不犯错，所以在团队协作的过程中，很可能会因为一个人犯错而造成很大的损失。除了预防之外，对于犯错的员工要如何处理？很多领导者选择批评，批评，再批评。其实，完全没有必要这样做，因为员工在犯错之后，他本身已经认识到自身的错误了，管理者只要确认员工意识到错误并且以后不会再犯同样的错误就可以了，没有必要揪住对方的缺点不放。

最后，绩效考核注意方法。对于很多管理层来讲，十分推崇绩效考核，他们会制定一堆的制度来对团队成员进行考核，面对制度的条条框框，有的员工可能会在工作中变得畏首畏尾。所以，绩效考核要注重方法，不仅局限在物质方面的奖惩，更要学会从多方面进行考虑，比如员工的工作环境、工作状态等。故此，要合理利用绩效制度，不要死守制度，不顾实际。

作为团队的管理者，当你在赞美团队成员的时候，他们可能会更加具有动力，当你无休止地批评员工时，他们的情绪可能会跌入谷底，所以说角色转化的艺术会影响到整个团队的工作积极性，这也是管理者应该掌握的一种管理技巧。

团队赢则成员赢

俗话说得好："小成功靠个人，大成功靠团队。"可以说没有完美的个人，但有完美的团队。团队的成功势必是每个成员付出艰辛的结果，同样，只有团队成功了，团队中的每个成员才能实现自己的价值，才能称之为成功。

在团队中，没有任何一个人是可以脱离团队的，团队的力量肯定高于个人。任何一个企业，只要拥有一个成功的团队，这个团队中的每一个成员都是成功的。每一个人会因为团队而成功，而团队也会因为成员而成功。

就以《西游记》中的唐僧师徒来讲，我们不得不说他们是一个成功的团队。唐僧是一个信仰坚定的领导者，他自始至终都坚信能够取得真经；在他领导的团队中，孙悟空是能力最强的一员，通过他的能力和人脉，可以破解一切困难；猪八戒起到了不错的润滑剂作用，他能够让团队随时保持活力；沙和尚则是一个忠诚稳定的执行者。这个团队拥有统一的目标，那就是最终取得真经，而这一目标的实现，也标志着他们个人的成功。

对于领导者来讲，即便自己拥有很强的能力，但是如果没有一个成功的团队，最终也是不可能实现自己的价值的。对于很多管理者来讲，他们需要做的不是尽力彰显自己的魅力，通过自己个人的力量实现团队的成功，而是选择一个成功的团队，或者建立一个成功的团队。

个人因梦想而伟大，却因团队而卓越。

　　李嘉诚曾经这样说过："你们不要老提我，我算什么超人，是大家同心协力的结果。我身边有 300 员虎将，其中 100 人是外国人，200 人是年富力强的香港人。"通过他的话，我们可以看到李嘉诚的成功绝对不是通过一个人的努力实现的，而团队的成功才铸就了他的辉煌人生。如果他的团队不是成功的，那么他个人也是无法达到人生巅峰的。

　　我曾经参加过一家国内 500 强企业的内部建设工作，发现这家企业十分善于利用团队的力量来激发个人的成就感。就拿一项研究来讲，在整个研发团队中，每个员工都会利用自己的特长对自己的工作负责地进行研究。当然过程中经历了数次失败，对于每次研究失败整个团队都会认真地开研讨会，对整个研究思路进行摸索和重置。在每一个关键时期，团队负责人都会亲自把关，找出研究失败的原因，在接下来的研究过程中，他们会想尽办法避免出现同样的错误。最终，他们研发出了最新的产品，并推向市场，获得了广大消费者的一致好评，而这款产品在同行业内也是绝无仅有的。

　　团队的成功，自然也能够带给个人一定的物质奖励，而这并不是关键点。在我采访到的研发团队成员中，他们一致表示，能够参加这项科研活动，是人生的一大幸事，因为正是这项研究的成功，让他们每个人都意识到了自己人生的价值所在。对他们来讲，这份工作不仅仅能够为自己提供很好的物质生活，更重要的是能让自己感受到成功的喜悦。

　　一个团队取得成功，势必表明团队成员的成功。当然，要想实现团队的成功，必须做到以下几点：

第一，团队中的每个成员都有统一的奋斗目标。我们还以唐僧师徒为例，在这一个团队中，整个团队的目标是一致的，那就是取得真经。虽然，猪八戒时常会有动摇，但也是暂时性的。

第二，团队中必须有一位明智的指挥者。无论是怎样的团队，作为管理者必须明智，所谓明智指的是能够适时调整战略，具有远见，不能将自己的目光仅仅局限在小事上，并且具有一定的内部关系协调能力。

第三，团队成功之后要让员工获得价值。团队在达成目标之后，整个团队的利益肯定是已经实现了，在这样的条件下，作为管理者，应该帮助员工实现自己的利益和价值。只有当利益下放时，员工才能感受到自己努力的价值所在。

作为管理者，既是团队的带领者，也是团队中的一员，所以，不仅要看到个人在团队中充当的角色，更要看到团队的价值和力量。只有这样才能够更好地成就团队、成就自我。

团队的力量高于个人英雄主义

无论是在职场还是在生活中，每个人的心目中或多或少都有个人英雄主义的情节，就如同好莱坞大片中的英雄们一样，可以通过自己的力量实现无穷大的梦想。或许你会问，什么是个人英雄主义？其实就是个人主义思想的一种突出表现，会将个人的作用摆在集体和团队之上。

俗话说得好："一个好汉三个帮。"在管理过程中，就算一个人的能力再强，但是因为个人的精力有限，如果没有团队的配合，也无法完成大的项目。更何况，当一个人面对一个大的目标时，是无法做到面面俱到的，唯有得到更多人的支持，每个人都发挥不同的能力，才可以事半功倍。不难想象，如果在一个团队中，仅有一个人忘我地工作，缺少团体的关怀和帮助，结果也只能是闭门造车，一事无成。

在整个团队中，管理者可能是最具有权威的，但是这并不能代表管理者可以通过自己的力量成就团队的辉煌。作为管理者，应该注重团队力量的增强，因为团队力量大于个人力量的简单相加。美国学者进行了一项关于企业团队管理研究的实验，他们将一家中等规模企业市场部的十个人与一家上市企业市场部的管理层负责人一年的创收率进行对比发现，前者的创收率明显高于后者。由此可见，一个能力超强的人，如果没有团队作为支撑，那么他的能力也是有很强的局限性的。

北京一家房地产开发企业在竞标京郊 13 号地块时，深深地体会到了团队力量之强大。众所周知，北京京郊地块是近年来房地产企业大亨们争夺最为激烈的，参加竞标的不仅有上市企业，还有世界五百强企业，这家房地产企业规模虽不算小，但是和知名房地产企业相比，还是有一定差距的。

在参加竞标之前，这家房地产企业就对竞标地块的周围环境进行了调查和分析，并对竞争对手进行了分析，当然要做到知己知彼，这并不是一个人能够做到的，这是整个团队努力的结果。在对竞争对手了解的过程中，他们发现具有竞争力的两家企业目前正在筹建其他地块的竞标活动，这就让他们在人力、物力上难以全力支持对京郊13号地的竞标，这家房企也因为这个原因，打败了最有实力的两家竞争对手，最终中标。

对于一个企业来讲，无论其发展多么顺畅，都不可能是一个人努力的结果。"一人难挑千斤担，众人能移万重山"的道理想必大家都知道，这个道理也适用于团队管理。那么，对于团队来讲，如何凝聚团队力量，避免犯个人英雄主义的错误呢？

首先，要有统一的思想。不管是在一个企业中，还是在一个团队中，要想凝聚众人的力量，那势必要让所有成员的思想产生共鸣，而要想实现思想的共鸣，最好的办法就是通过企业精神或者团队精神来感染所有人员，通过企业文化的宣传，让团队中的每个人都明确奋斗目标。

其次，要有共同利益。一个高效的团队绝对不是依靠强制或命令达成目标的，而是靠团队成员自觉、自主、自发、自愿去完成任务的。为什么大家愿意为了团队的目标而付出代价呢？因为团队的成功会给他们带来荣誉和利益，所以人们会为了团队目标而奋斗。

最后，合适的核心人物。具有凝聚力的团队首先必须有一个灵魂人物、核心人物，这里的核心人物绝对是领导力强的人，具有远见目光和领导力的人。在对团队管理的过程中，这样的领导人物能够将团队力量凝聚起来。

在管理过程中，一个人的力量绝对是有限的，要想高效地完成某个目标，必然需要整个团队的配合与协作。

第二章 "全权"制不如放权制

　　一个团队势必会有很多方面的琐碎事情，在面对琐碎事情的时候，作为领导者要做的不是面面俱到，而是学会怎样在关键时期，处理关键事务。此时，"全权"就不如放权了。

没空间，再好的员工也不出成绩

工作环境对员工来讲是很重要的，尤其是工作气氛。在什么样的气氛中工作就会有什么样的工作效果，这是很多管理者一致认同的观念。当工作气氛处在高度紧张的状态之下时，员工往往享受不到工作带来的乐趣。"从工作中，我感觉不到快乐"，这是即将离职的员工对管理者常讲的一句话。

"麻木"是员工工作状态不佳的表现，无论在什么时候，员工一旦对自己的工作感到麻木，他便对自己的工作产生了厌倦，这种厌倦和心态无关，多半与工作环境和气氛有很密切的关系。

作为管理者不但要给员工一定的人情关怀，更重要的是要给他们一定的空间，这种空间可以称之为管理空间。当管理者适当授权给下属时，在无形中，他们就成了管理者，他们对权力的运用也是需要一定空间来施展的。如果对被授权者的管束过于频繁，不但不利于他们对权力的应用，反而会打消他们工作的积极性。

作为团队的领导者应该多给下属一点发挥的空间，而不是埋没掉他的才华。让其在管理中自由发挥，才能更有成效地工作，从而实现放权的目的。很多管理者不放心自己的下属，甚至不放心下属手中掌权，其实这完全违背了"用人不疑"的工作理念，造成了下属工作没有成效的后果。有时候，给下属留下一点发挥的空间，有助于他们了解自身的发展特点，从而更好地将授权发挥到最大限度，进而能更有活力地完成工作。

所谓给下属留一些空间，具体体现在如何让下属将工作效率最大化方面。很多时候，我们没有注意挖掘下属的潜力，很可能让下属一直从事其不擅长的工作，这对下属来讲，工作难度无形中会提高，从另一方面来讲，也不利于整个团队的工作效率提升。

一位中国企业高管看见英国调色师正在调制口红的颜色，随口问道："这口红好看吗？"英国调色师面露不悦地站起来说道："经理，对于您的疑问我需要做一下解释。首先，这款口红的颜色还没有彻底完成，现在是看不出来效果的，您现在无须担心；其次，我作为专业的调色师，您应该相信我，而不是质疑我的专业度，如果您觉得比我专业，那么从下周起您可以做调色师了；最后，这口红是为女士设计的，而您是位男士，如果所有女士都喜欢这种颜色，而您不喜欢没有关系，如果您喜欢，女士客户不喜欢，那么我这款口红就调制得毫无意义了。"这位中国高管知道自己的问话有些不妥，便连声道歉："对不起……"

或许你会认为中国高管只是随口一问，没必要如此认真，但是从另一方面来讲，中国高管的这句话足够起到干扰下属工作的负作用。在职场中，身为高管，要懂得时刻给下属留有发挥的空间，不要对任何事情都想要插手，下属有他的专长，有其独到的见解，做得也许比你说得还要好，而你说得也未必正确。

有些管理者不懂得给下属发挥空间，事事都要去管，这样做反而会让下属喘不过气来，最终的结果是导致工作效率低下，引起下属的不满和牢骚。那么作为企业管理者，应该怎么做呢？

首先，给予下属鼓励与赞扬。鼓励下属用自己喜欢的方式来实现自己的工作目标，只要能够达到既定的目标，管理者无须多问下属走了怎样的路，使用了怎样的工作方法。"条条大路通罗马"，只要目标能达到，管理者何必过于注重过程呢？

当然，鼓励和赞扬下属发挥自己的才能与智慧，就需要管理者明确下属的优势是什么，在此基础上，给予下属发挥才能的空间和机会。要相信员工对事业的忠诚度，不要因为管理者的"怀疑"而束缚了下属的手脚，让他们创造性地开展工作，相信下属的工作能力，既要委以职位，又要授予权力，使他们敢于负责、大胆工作。

其次，善于沟通。人与人之间的沟通技巧往往决定是否能够达到交际的目的。在很多时候，管理者需要做的不是一味地激励员工，而是平心静气地与下属进行沟通。让下属了解管理者的心声，同时也让管理者更加了解下属的才能和想法，这样做不仅能够达到沟通的目的，对提升下属的忠诚度也是有帮助的。

最后，管理者要学会容忍。容忍下属在特定的时间段根据自己的思维完成工作。有人会认为一个管理者需要做的就是无时无刻不关注下属的工作，其实不然，管理者要给下属犯错的机会，当下属无意犯错之后，要能够容忍对方。一旦犯错就给予处罚，不仅不利于下属继续完成目标，还会打消下属的工作积极性。

放弃"管家婆"式的错误领导方式

　　提到管家婆，很多人都会想起这样一个画面：一个脸色蜡黄甚至有斑点的女人，眼神中充满了挑剔和责备，嘴里不停地抱怨各种事情，不管大事小事，在她的口中都会提及。当然，这样的形象在企业管理中是不会出现的，但是我们不难发现，有这样的管理者，他们在带领团队的过程中，无论大事小事，都要做到亲力亲为，即便团队中有擅长某一方面的人才，他们也要提出自己的主张，甚至要求员工按照自己并不专业的建议去实践，这样做的结果不只是失败，还会让团队成员"被无能"。

　　对于整个团队来讲，势必会有很多方面的琐碎事情，在面对琐碎事情的时候，作为领导者要做的不是想得面面俱到，而是学会怎样在关键时刻，处理关键事务。如果管理者追求面面俱到的管理方式，那么势必会让员工"无地自容"。

　　我有一次去拜访北京某公司的老总时，因为到得比较早，我开始看这家公司的企业文化宣传墙，发现这家公司的员工流动率很高。之后在与这家公司老总交谈的过程中，他也表露出了自己的困惑。他认为自己的公司无论是从员工薪酬还是绩效福利，在同行业内都不能算差，可就是不知道为什么公司留不住人才，尤其是这些员工离职后再进入下一家企业之后都能够得到更好的职位。

　　在对方表达完自己的困惑之后，我开始思考。此时，他的秘书拿了一大堆需要签批的文件走进办公室，在得到对方的允许之后，我进行了简单的翻阅，发现无论大事小事都需要他签批之后才能执行。比如有一份人事部关于元旦放假的请示，对于他这么大的公司，完全没有必要拿这种事情来进行最高级别的签批。

通过分析，我问对方是不是每天会将大部分时间花费在签批文件上，这位老总用力点点头，我反问他为何不将一些琐碎的小事情交代给员工去做，将一些权力下放给部门负责人。这位公司老板说道，从创业到公司发展到三百人的规模，这些事情一直都是他亲力亲为，无论大小事情，每个部门都要每天向他汇报。我给他提出了一条建议：部门内不涉及财务、人事变动的事情和不影响到公司运营的事情，完全可以让部门管理者进行统筹把握，这样具有弹性的管理方式有助于留住人才。

通过这次拜访和交谈，我发现很多企业在创建之初，领导者会习惯性地将所有事情都包揽过来，无论大的决策还是小的建议。在创业初期这是有必要的，但是随着企业的壮大，这种"统包"式的管理方式是不能继续使用的，领导者要学会"该放手时就放手"。作为领导者，只要做到三方面即可：

第一，专业的事情让专业的人来做。管理者可能是一个"多而不专"的人才，所以在实际经营的过程中，团队的管理者应该充分挖掘团队中每个人的力量，让专业的人去做专项攻破，这样不仅能够提升工作效率，对于员工自我价值的体现也是有利的。

第二，养成让员工主动解决问题的习惯。"管家婆"式的管理者往往会带出一群"懒"员工，这些员工在本质上并不是"懒"，而是被管理者逼迫得变懒了。他们习惯了"遇到问题找领导"的办事作风，也习惯了按照领导的指令做事情，在遇到问题时，根本不会主动地去想办法解决问题，也不会主动地去发挥自己的思想能动性，提出促进团队成功的建设性意见，团队员工唯一想的就是"凡事找领导就对了"，这样的管理模式当然不利于团队的发展。故此，管理者需要做的就是让团队里的每个成员养成积极思考与主动思考的习惯，尤其是在遇到困难时，能够主动想办法去解决问题，这才是管理的重点。

第三，让员工明白自己的岗位职责。对于团队中的每个员工来讲，要想能够顺利地完成自己的工作，就必须明白自己的岗位职责是什么。同样，对于管理者来讲，如果不明白自己的岗位职责，不能让团队成员明白自己的岗位职责，那么最终管理就是失败的。管理者要做自己岗位职责范围之内的事情，团队成员也应该以自己岗位职责范围内的事情为重点，只有清楚地意识到自己的责任是什么、自己的权力有哪些，这样才能很好地实现自我管理与团队管理。

成功的领导者，是不会将自己的形象塑造成"管家婆"的。对于一个团队来讲，事事都要管、事事都要抓的领导不是好领导，这样的团队也不利于留住员工，更不利于员工的成长与能力的展现。领导者要学会给自己放松的空间，学会给团队成员成长的空间，只有做到这些，这个团队才能称之为健康的团队，领导者才可称之为合格的领导者。拒绝"管家婆"式的领导风格，能够让你的管理更具魅力。

抓权与放权的管理艺术

俗语有言："好钢用在刀刃上，花钱花在关节上。"也就是说，做任何事情都要切中要害，才能抓住最主要的环节。对于管理者也是一样，一个人无论是从时间上讲，还是从精力来看，都是有限的，所以聪明的管理者要抓住事情的关键点，如公司战略、重大事项等，对于日常事务，可以适当地放权。不要事无巨细，眉毛胡子一把抓，这样做是完全没有必要的，也是绝对不可能的。如果事事都管得周全，往往变成了事事都管不了、事事都管不好，所以要善于抓住要点项进行管理，将意见或指令落实到位，这样，管理者才能有更多的时间去处理其他更重要的事情。

史密斯是美国一家律师事务所的律师，他来到这家纽约事务所已经两年了，工作表现一直很好。因此，他被事务所负责人给予事务所副所长的职务。不过他这个副所长当得并不轻松，因为他的老板劳尔总是在抱怨每天时间不够用的同时，还要分神"照顾"他。

史密斯接到了一个离婚案件，他需要做的就是帮助女方要回孩子的抚养权。在这个过程中，事务所所长劳尔答应不会插手这个案子，可是在案件开庭两次仍然无法完成女方诉求的时候，劳尔终于按捺不住，他决定自己亲自上手，不再让史密斯全权负责。

史密斯找到劳尔，告诉劳尔，他有自己的方式，他有能力独立完成这个案件的诉讼，但是劳尔依然不相信史密斯有能力处理这件事，最终史密斯只好退出案件的诉讼。

对于劳尔来讲，他追求的是在短时间内完成诉讼要求，打赢官司，但是史密斯有其处理工作的方法。究其原因，就是劳尔对史密斯的能力产生了质疑，这对管理者来讲，可能看不出弊端，但是对下属来讲，会打消其工作积极性。管理者在管理的过程中，要懂得放权的艺术，没有空间的管理气氛，往往会压得下属喘不过来气。在很多时候，管理者要给下属自由的工作氛围，只有这样，下放的权力才能被高效地应用。

当然，要想抓住重要的事情，就要掌握抓权和放权的管理艺术。一个领导就算有三头六臂，也不可能将团队中所有的事情都做完，所以在一个人有限的时间、有限的精力内，抓权和放权成了必要、必须和必然。

作为团队的管理者可能会有这样的疑惑：为什么总是感觉公司里所有问题都在找我？为何感觉自己管理团队总是很忙很累？这就是因为不懂得抓哪些权力、放哪些权力。

首先，抓权要掌握"力度"。管理如同用手去捧沙子，在捧沙子之前，我们要想知道捧沙子的数量和紧握情况，要提前准备好一个捧沙子的手势；在捧沙子过程中，要掌握好自己的力度，不可用力过大，否则沙子就会从我们的指缝间漏出；如果用力不够，沙子自然也会从指缝间漏出，只有力度把握到位，才能捧起最多的沙子。抓权也是如此，越想掌握所有权力的人，往往大权会被遗漏。

其次，放权要适度。所谓的适度原则，就是要求管理者按照实际情况进行放权，不要贪图省心省力，将权力无限制地交给下属，这样的管理方式对团队的整体发展是不利的。放权前必须让被放权人清楚自己的权力范围和目标是什么，让被放权人明白，权力代表着什么，同时也要告知对方权力的底线是什么。

最后，放权与抓权，沟通是关键。无论是抓重要的权力，还是适当地放权，关键在于与下属的沟通或者说是与团队的沟通，只有沟通到位，才能够更好地实现组织管理的目标。

给管理层空间，不做"权奴"

或许很多管理者会想，"权奴"，这是一个怎样的概念？那么我不妨举例说明：

有一家奶制品生产企业，在黑龙江省的影响力很大，其公司老总是一个白手起家的人，因此，在生活中出现的任何事情都希望亲力亲为。在创业之初，为了能够节约人力成本，他既充当销售部总监，又担任公司老总，同时还是司机。这样做为企业的起步节约了人力成本，这一点无可厚非，随着企业的发展壮大，其在同行业占到了数一数二的位置，但是在企业中，还是很难发现营销部负责人的身影。这个老总不仅充当着营销部的负责人，还充当着企业分公司的负责人。当被问及为何不进行授权时，他的回答是："将这两项大权分授给任何人，我都不放心。"

这家奶制品企业的老总就是一个当之无愧的"权奴"。或许他本人丝毫没有意识到这一点，在他的思想观念内，自己能担当的职位、能把控的权力都不能下放给员工，只有亲自管控才能促进企业的发展。从另一方面来讲，他不会对团队中的任何一个人产生信任，这也是多疑的人的一种表现。

那么，作为团队管理者，或者是企业领导者，究竟要怎样避免成为"权奴"呢？

首先，要找到值得信赖的有能力的下属。在一个团队中，可能会有很多人才，但是并不是所有人都能够赢得管理者的信赖。而作为管理者，就应该想方设法找到适合自己授权，并值得信赖的员工，这样的员工并不少见，只要管理者愿意付出精力去发现和了解员工。当然，值得信赖的员工往往具备以下几点特性：第一，对企业具有强烈的认知度和融入度；第二，工作认真并能够发现工作重点；第三，良好的个人素养与职业道德。

其次，工作中避开个人喜好。有的管理者无论是用人还是做事情，都会掺杂个人喜好，比如，在选择授权对象时，会根据自己的喜好选人，而并不是按照团队成员的实际工作能力。领导者应避开自己的个人喜好，从团队发展的目标出发，只有这样的分权才是有效分权。

再者，意识到集权的优缺点。不可否认，集权也是有一定优点的，比如可以达到政令统一、方便指挥和下达命令的效果，使标准达到一致，也便于团队领导者统筹全局，兼顾其他，也有利于形成统一的企业形象。但其缺点也是很多的：一方面集权不利于发展个性与特色，顾及不到团队中的特殊性；另一方面也会降低团队对外部环境的应变能力，对内容易让下级产生依赖心理，久而久之，员工就会失去工作的积极性、主动性和创造性。管理者应该意识到集权的优缺点，再结合团队的实际情况，选择合理的管理方式。

最后，给员工创造机会，给自己留有管理空间。每个员工在工作中，看重的可能不仅仅是报酬的高低，还会希望通过某项工作拥有更大的发展机会，这也是留住人才必须满足的一个条件。当然，在很多企业，我们会发现很多员工在工作一段时间之后会选择离职，分析发现这些人的工资待遇并不低，工作内容也并无改变，而引起他们离职的原因就是在这家企业中，他们看不到任何的发展提升空间。由此可见，给员工创造发展空间，让员工拥有提升自我价值的机会非常重要。当管理者将权力下放给下属，下属会在思想上认为这是管理者对自己工作的一种认同和信任，同时，也会认为是管理者在给自己提供一个发展的平台，因此，他们会更加重视现有的工作机会。从另一个方面考虑，管理者在给员工创造机会的同时，也是在给自己创造更多的管理空间。将权力下放给员工，自然，管理者就有更多的精力和时间去做其他的事情，这样一来不仅有助于团队的长久发展，也是避免员工流失的一个有效手段。

北京一家文化传媒公司，其经营业务比较广泛，经营状况良好，但是在企业经营过程中，有一方面的问题一直困扰着这家企业的总经理，就是这家企业的人员流失比较严重，离职率较高。公司一共60余人，每年都会辞职20人左右，平均每个月都有一到两名员工离职。

我在与这家企业老总进行交流的过程中，发现其公司从创办至今，大大小小的事情都需要经过他的同意。就拿一次报销来讲，公司的员工因为公务去客户公司拜访，产生了5元的地铁费用，单单这一笔报销都需要部门总监、财务负责人签字，同时也需要他的签字。此外，采访时其公司的员工也经常抱怨，在工作过程中比较压抑，因为任何事情都会需要向老总汇报，而各部门总监则抱怨自己没有任何实权。

这家文化传媒公司就是一个过分集权的案例，在这家企业中，任何权力都掌握在企业老总手中，任何权力都没有得到下放，这也是人员流动性过大的原因。

在任何一个团队中，每个人都要对自己的岗位职责负责，而要做到这一点便是能够掌控自己岗位中所涉及的权力。在实际管理中，我们不难发现一些员工，他们身在要职，但是连在职责范围之内的权力都没有，这样的经营方式无疑会让员工失去创造性和工作积极性，也会让团队变得死气沉沉，毫无斗志，而企业管理者则会显得"很忙"，忙得没有时间去思考团队的发展方向和目标。

作为团队的管理者，也许会很重视权力。因为一项权力背后就是一种责任，如果权力落入到不称职的成员手中，可能会给团队带来不必要的损失，但是这并不是不采取分权的理由。一个聪明的管理者，总是能够将权力合理地分配，在达到提高工作效率的目标的同时，也给自己留有更多的空间和时间去完成更重要的事情。

适当放权，让团队工作更顺畅

　　威尔逊是一名加拿大商人，他的公司主要经营高档家具的制造与销售。凭借着他的魄力与才能，在短短 5 年时间内，他的公司就在当地同行业内小有名气。但是威尔逊在今年不幸住院，他在住院期间还是不停地联系客户，进行业务沟通，要知道威尔逊才 37 岁。医生劝他不要这么拼命地工作，每天至少要保证 8 个小时的睡眠时间，但是他却没将医生的话放在心上。

　　在医院仅仅进行了一周的治疗，威尔逊就要求出院，虽然医生坚决反对，但是威尔逊还是决定回到公司。在回到公司的一个月内，他变本加厉地投入工作，每天的睡眠时间不足 5 小时，最终在一次周会上威尔逊因胃部不适再次住院。

　　当威尔逊住院之后，他公司的员工如同一群无头苍蝇一般，不知该怎样处理公司的事务，最终导致公司客户大批量流失。

　　通过威尔逊的例子不难看出，他最大的缺点就是不懂得放权，不懂得适度放权，而是所有的事情都要亲自操作，最终，限制了员工的能力发挥。这样的管理模式不利于企业的长久发展，也会给企业领导者带来很大的身心负担。管理者在带领团队的过程中，看重的往往包含权力本身，尤其是白手起家的企业家，对于放权并不是十分推崇，他们深知创业的艰难，事必躬亲是他们难以更改的工作习惯。

　　英国克兰菲尔德管理学院的安金森教授经过研究发现，企业的荣誉与老板的表现关系越紧密，老板越是不容易放权。不放权的弊端，最为明显的一条，就是老板与团队员工的关系会很紧张，不利于"相互产生信任"。

西雅图著名心理学家罗宾逊曾经做过一个实验，他访问了50名企业总裁，发现这些企业家往往会低估员工的能力，企业家往往会陷入一个"自我膨胀"的心理过程中，他们会认为自己的能力是超群的，比任何一名雇员都优秀，这样一来，放权就成了不可能。

从企业的管理理论的角度来讲，管理者学会适当放权，能够将员工的工作积极性激发出来，同时也能够调动员工的创造能力，团队的经营也最有活力。当然，放权要适度，要遵循一定的用人原则。

首先，放权给脾气相投的人还是给有能力的人？聪明的管理者自然会选择后者，但是在实际生活中，不难发现，很多团队带领者会将权力下放给脾气相投的人。其实，在企业管理的过程中，雇主与雇员的信任关系无非是来自两方面，一是投脾气的信任，二是来自能力的信任。而投脾气的信任适合运用在交友上，却不适合运用到企业管理中，工作能力才是企业管理者与员工产生信任的根本所在。

其次，重用亲属要慎重。且不论亲属是否具有真正的能力，亲属的加入往往会引起其他员工的情绪波动和负面情绪，这一点是毋庸置疑的。因此，聪明的管理者，往往不会将权力下放给亲属。更为重要的是，在实际管理的过程中，我们不难发现亲属的工作能力往往不能达到团队的要求。美国一项研究发现，80%的优秀企业家都不允许自己的亲属担任公司的重要职位。

最后，瞻前顾后的人不适合拥有权力。在当今社会，企业之间的竞争是相当激烈的，而这种竞争很多时候表现在时效性方面，这就要求管理者能够在面对抉择时，尽快做出选择，犹豫或者说优柔寡断的人不适合成为企业的管理者。

因此，放权并不意味着管理者要置身事外，而是要适当地给下属发展的空间和自我价值体现的机会。无论大小企业，都是一个团队，是团队就需要相互协作。在团队协作的过程中，只有领导者懂得放权，才能够让团队中的员工感受到自我存在的价值所在。同样，适当放权，能够让领导者将更多的精力放在更重要的事情上，而不是将精力放在一些琐碎的事务上。

任何一个团队要发展，都不能仅仅局限在当下，团队领导者要负责团队的整体长远发展，而懂得适度放权的管理者才能带领团队走得更远。

权力划分，聪明人的管理手段

在团队管理中，不管采用哪种组织架构进行管理，都无法回避给自己的下属进行授权并进行权力划分的问题。当然，在管理过程中，也有很多企业虽然在组织结构上是垂直型组织架构，在职责上看似是权力层层下放到下属，但在管理中却仍是老板高度集权，老板不授权给下属，或者是不将真正的权力下放给下属，或者是间接夺权。

对于一个刚创业不久的企业来讲，这种集权制管理可能有利于团队的发展，有利于老板在第一时间掌握企业现状，尽可能实现节约成本，从而保障财务的良好运行，比如，一个员工报销50元的材料费可能都需要公司老板签字。但是对于上百人甚至上千人的企业来讲，"有权而不授"，死守高度集权的管理模式，必将引发各种弊端。而另一方面，有的企业进行授权，但是却不懂得权力划分，形成乱授权的情况，这无疑会给团队带来致命的打击。

那么什么是权力划分？权力划分又可以被称为职权分配，既包括对纵向的各管理层之间的职权进行合理分配，又包括横向的同级岗位之间的权力分配。对于聪明的管理者来讲，他们善于掌握影响职权分配的因素，从而保障权力划分的有效性和合理性。

某上市集团旗下不仅有地产开发，还有酒店经营和旅游项目开发，其业务遍及大半个中国。为了达到很好地分权，并实现管理的有效性和合理性，作为集团总裁的高某通过集团实际业务进行权力分配。

在地产业务方面，高某建立了专门的地产线条，设立片区，根据地域和省份来进行地产划分，同时，在此地产辐射圈内的所有酒店经营业务和旅游开发项目都由地产公司统一领导。而从纵向来讲，所有的酒店经营权又回归专门的管理机构，即酒店管理中心进行分管，这样做是为了保证酒店的品质与正常运营。

通过这种双线条的管理，这家上市企业旗下的酒店行业也走上了上市之路。可见，这种权力分配不仅根据了行业特性与实际情况来进行，也是综合了行业的优势来分配的。

作为企业的管理者，不仅要学会授权，更要学会合理分权。如果只懂得下放权力，却不懂得如何做好权力分配，那么很有可能团队中会出现"争权夺势"甚至拉帮结派的现象，一旦出现这样的现象，后果则是不堪设想的。所以，合理地对权力进行划分，以达到提高团队工作效率的目的，这是管理者必须做好的一项工作。

权力划分的终极目标是效率，无论进行怎样的权力划分，要检验权力划分是否合理有效，最简单的办法就是看是否提升了团队的工作效益。管理人员往往都希望员工能够积极主动地投入到工作中，并实现其存在的价值，但是在通常情况下，员工在实际工作中并没有表现出这些品质。反而员工往往会通过很多途径表现出对工作的不满或者是抱怨，甚至有的员工自身会有挫折感。这样的表现足以说明管理者没有进行合理的工作分工或者说权力划分，无法达到既能够提升运行效率，又能够平衡员工感受的效果。此时，管理者必须考虑通过多个途径，实现权力的合理分配，从而实现提升效率的目的。

那么要实现权力的合理划分，究竟要考虑哪些方面的因素呢？

第一，管理模式与组织结构方面。作为管理者要清楚职权划分是建立在团队管理模式基础之上的，也就是说管理者如果不对团队的管理模式与组织结构进行思考，是很难实现合理分配权力的。比如在给团队指定战略目标的过程中，要根据业务的特点、战略定位等因素，设计管理模式与组织结构。一般而言，在团队中，先对各层级之间的权限划分和关键岗位之间的大致职权范围进行定位，再对具体的职权进行分配，这样能够确保权力分配不会出现大的纰漏。

第二，员工的岗位胜任能力方面。众所周知，员工的职责是通过岗位进行确定的，一般情况下，是不容易发生改变的。但是由于不同员工的岗位胜任能力不同，所以就要求管理者能够根据不同岗位的员工的工作能力，对职权进行微调。对于工作能力强的员工，可以适当加宽权力范围；对于能力不足的员工，可以适当地收权。根据员工本身的情况进行分权，可以降低管理风险，提升团队的凝聚力。

第三，员工对企业的忠诚度方面。这一点是管理者实现分权必须考虑的一个方面，分权就意味着将权力下放，如果员工对团队的忠诚度不够，在分权的过程中，势必不能将重要权力进行下放。同样的，分权与提升企业的忠诚度是相辅相成的，分权能提升员工对企业的忠诚度，而只有忠诚度高的员工才能成为权力划分的重点对象。

在实际管理中，有很多员工会过于强调对自己的职业忠诚，而拒绝对企业表达忠诚。这点的体现就是他们尽可能地寻找对发挥自己价值有利的机会，却很少会考虑职业范围之外的其他方面。此类成员可能具有某方面的特长，但不一定是最佳的授权对象。

第四，员工与企业文化的相容性方面。对于普通员工来讲，这点体现得并不是太明显，但是我们不乏会看到，有的企业总是善于用"空降兵"，而这些"空降"管理者是否能长久地留在企业，恐怕就与企业文化的相容性有关联了。当然，在职权划分的过程中，这点是必须要考虑的因素。如果员工能够真正地融入企业，并接受企业的文化和经营理念，那么他们会想尽办法实现自己的价值，从而也会接受管理者的分权。

用分权来制权

　　人都有对权力的向往，很多人甚至会将权力作为人生追求的目标。对于一个管理者来讲，他们既是团队权力的创造者，同时也是权力的掌控者。团队权力说大不大，说小不小，因此，管理者不应该只懂得授权，却不懂得制权。

　　制权是什么？制权就是要将权力放在"阳光"下，通过制度来对权力进行管控。对于企业来讲，无论任何一项权力的实施，都应该有所依托，而这种依托往往就是我们所指的制度。或许管理者会问，制度不是人制定的吗？但是对于有些制度来讲，是行业约定俗成的，甚至是具有法律作为保证的。当然，即便制度的制定是由企业中的"人"来进行的，但是一旦得到企业最高领导者的赞许，那么也就能够成为控制权力的一种途径。

　　对于一个聪明的管理者来讲，他们在进行分权之前都会先对企业的制度进行完善，通过各种途径完善企业各方面的制度，而制度一旦形成，就不可能轻易更改，一般也不会因为个别人而发生变化。正是因为制度具有强制性和权威性，所以用制度管控下放的权力才更有意义，也更容易做到。

　　将分配的权力放置在制度的"笼子"内，这样做的目的不是为了限制权力的实施，而是为了保证权力合理地实施，这一点是管理者必须认识到的。如果管理者将制度作为限制权力合理实施的工具，那么分权就将毫无意义。

另一方面，制权也就是对权力进行制约，所谓制约并非不信任下属拥有权力，而是一种合理实施权力的保证。而分权能够达到制权的目的，这究竟是为什么？

首先，分权就是将权力进行分配，避免一个人独断专行，而这本身就能够达到制约权力的目的。在管理过程中，要根据实际情况进行分权。将某项重要的权力下分给两个同等级别的管理者，这就是一种分权。尤其是对于特殊岗位来讲，分权是十分必要的。比如，有的公司会将采购的权力分别给到采购员和项目经理，这样做就是为了避免出现"吃回扣"现象的出现。

其次，分权能够间接地震慑到他人。将某项权力分给某个人，就意味着其拥有管理权力，从而对一些人来讲是有震慑作用的。

在我之前培训过的一个著名企业中，其总裁就十分擅长运用这点。这家企业本是一家房地产开发企业，在当地名气很大，这家企业中的项目部总监拥有很大的管理权力，而这位总裁就在企业设立品质部，主要负责人则是总裁秘书，总裁秘书主要负责对各个部门的监督工作，保证各个部门能够在制度范围之内进行操作。虽然在岗位等级上，总裁秘书并不高，但是在得到这项分权之后，无形中对各部门的负责人来讲都会产生震慑作用。

最后，分权的间接目的就是制权。任何一个团队，要想实现权力合理地下放，就必须有所管控，没有任何一项权力是无管控的。而分权就是通过将权力进行合理分配，从而在权力接收者之间产生相互的制约，这种制约绝对是良性的，而非是一种报复性的制约方式。

从分权达到制权的效果来讲，具体在团队中会有怎样的体现呢？

第一，各司其职。一个好的团队，每个员工都会很清楚自己的岗位职责以及岗位之外的职责所在，这往往就是分权所能达到的效果。员工能够了解自己的职责所在，从而按照团队的制度或者要求开展工作，这就是分权达到制权的效果的一方面体现，当然，也是最基本的体现。

第二，无滥用权力现象的出现。滥用权力表现在很多方面，比如公权私用，在很多企业都会出现这种情况，哪个部门掌握什么权力，就往往会占有某方面的优势。在此我还以曾经培训过的一家企业为例，这家企业本是一家著名的连锁酒店，在这家企业中，其工程部对整个酒店的能耗负责。在冬季，他们部门可以私自关闭任何一个部门的空调，而关闭空调的借口就是"节约能耗"。换句话说，哪个部门"得罪"了工程部，工程部负责人一声令下，便能够让这个部门在冬天挨冻。这样做看似是合理的，但是却是一种公权私用的表现，权力无限制就成了这家酒店的管理弱点。

第三，工作效率大幅提升。分权的目的就是为了提升工作效率，而在企业中，如果能够感受到企业的工作效率提高了，那么和分权的制权作用是分不开的。比如，将招聘新人的权力给人力资源负责人，那么在人力资源负责人审核之后，推送给部门审核，部门审核通过之后便能够让某位员工入职，这样顺畅的工作，不仅能够保证招聘到人才，还能够符合部门的要求，这种分权的方式既能制约人力资源部门专断，又能根据部门要求进行人才招聘，这就是提升工作效率的体现。

对于任何一个企业来讲，分权都绝对不是管理的目的，但是通过分权所能达到的其他附带效果是可以在管理的过程中显现出来的，故此，在进行企业管理的过程中，管理者可以在分权的时候多注意其制权的效果。同样，制权也是检验分权是否合理的一个方面。毕竟，没有制权的分权往往会让团队走向失败，而分权实现了制权，才能够让权力在真正意义上得到实施，让团队管理更加流畅。

不要"欺负"中层管理者

　　企业的中层管理者指的是哪类人群？其主要指的是处在企业组织架构中的中层位置，在决策层与执行层中间具有桥梁作用的人。在管理界，我们习惯将这层的管理者称之为中枢枢纽层，其起到"上传下达"的作用。同时，我们也习惯将这一层的管理者称之为"夹层管理者"，即上受到高层限制，下有基层员工的约束。

　　处在中间层的管理者从其身份来讲，具有一定的复杂性。在整个企业架构中，这一层的管理者既要对上级的命令进行很好的贯彻执行，同时也要考虑到企业形象，做好榜样作用，成为下属模仿的重点对象。

　　在这里我们不得不提到高层管理者的权力，在高层管理者进行权力下放的时候，往往会选中中层管理者，因此，中层管理者不仅是企业文化的传播者和建设者，同时还是企业制度与上级指令的执行者和贯彻者。

　　受到其身份复杂性的制约，中层管理者本身就要承受高于普通员工的工作压力，在这点上，中层管理者如同一块儿海绵，起到缓冲的作用，防止基层员工受到来自高层压力的直接冲击。而对于团队来讲，中层管理者更是不可或缺的，中层管理者的工作能力直接影响到整个团队的凝聚力和执行力。故此，作为高层管理者更应该注重对中层管理者的培养，不要让中层管理者感觉到"不公"。

　　管理从来不是一个人的事情，更不仅仅是高层管理者的事情，富有发展潜质的中层管理者能够充分表现出团队取向的工作风格。对于管理者来讲，中层管理者如同"领头雁"，可以称之为管理场上的重点人物。

对于高层管理者来讲，怎样做才能够保证中层管理者的能力有所发挥，实现工作效率最大化呢？

首先，对中层管理者的能力进行分析。对于不同的岗位要求的能力也是不同的，同样，对于高层管理者来讲，中层人员的素质高低往往能够决定指令能否实行。高层管理者要对中层管理者的能力进行分析，不妨从这几方面入手：第一，中层管理者的性格，不同性格的人适合不同的岗位。比如在一家公司缺少培训负责人的时候，我们没有必要让一名性格内向的人担任此工作，性格内向的人往往不善于表现自己，也不善于表达自己的情感，更有甚者不希望在公众面前表现自我，如果此时让性格内向的人从事这份工作，他们心理上肯定会倍感压力。第二，中层管理者的专业技能。对于很多中层管理者来讲，他本身往往具备一定的专业技能，这种管理技能是其他员工无法比拟的。比如在一家地产开发企业中往往会设立一个维修经理的岗位，作为维修经理，他需要管理手下的几名维修员，此时就要求维修经理具备专业的维修技能，在这点上是其他人员无法取代的。

其次，充分信任中层管理者。信任，往往是高层管理者无法做到的。对于中层管理者，既要进行授权，也要充分信任。因为中层管理者往往直接体现高管的目的与执行力。当一名高管不信任自己的手下时，可想而知，基层员工也势必不会服从于中层管理员，自然指令就无法得到有效实施。

最后，学会尊重中层管理者。作为高管，要避免当众指责和批评中层管理者，同时，作为企业的管理者，更应该学会给中层管理者留有管理空间。如果中层管理者在工作中既无威信，也无管理空间，那么势必会导致指令无法贯彻的情况出现。

一个上海化工企业的老总经常在员工面前指责市场营销部经理"无能"，尤其是在全体员工大会上，竟然当着百十名员工的面，批评指责市场营销部经理。当市场营销部经理将自己的营销计划跟下属进行分享时，竟然无人回应。在背后，同部门的员工竟然说："我们经理没能力，老板估计要撤了他，我们没必要听他的。"

因为老总的批评，导致基层员工更不将市场营销部经理"当回事儿"，他的话毫无分量，最终的结果就是无人听从他的管束。可见，作为高层管理者要充分信任中层管理者，同时，要学会尊重对方。

合作精神对整个团队来讲是重中之重，管理者将中层管理者、基层员工的力量进行凝聚，从而才能够实现合作成功。据相关研究统计发现，管理失败最主要的原因就是中层管理者和同事、下级处不好关系。

对管理者而言，真正意义上的成功必然是团队的成功。脱离团队的管理，往往是不成功的。因此，这就要求企业能够拥有一批忠诚苦干的中层管理者，让其起到上传下达的作用。一名优秀的中层管理者绝不是个人的勇猛直前、孤军深入，而是按照上级指令彻底贯彻执行，带领下属共同前进。

作为团队的领导者要懂得如何挑选中层管理者进行授权，同时也要清楚中层管理者在企业架构中的地位和重要性。给中层管理者一定的管理空间，让其成为基层员工效仿的对象，同时，中层管理者也能成为高层管理者的左膀右臂，帮助整个团队走向成功。

尊重中层管理者，帮助他们在团队中建立威望，不仅能够促进企业文化的传播，同时也是权力下放的必然要求。因此，高级管理者不妨给予下属足够的空间，给予他们足够的信任，从而让中层管理者在团队中，真正实现"神经中枢"的作用。

第三章　授权是一门管理艺术

授权是门艺术，多一分则肥，少一分则瘦，适度最好。不要为了自己"省心省力"而进行过分授权；同样，授权也不能过分管控，权力下放之后，就不要担心用权不当，否则就达不到授权的意义。

授权要掌握一定的原则

授权绝对不是出于领导者的一时兴起，也并不是因为需要完成某项特定任务。事实上，在当今社会的管理理论与实践过程中，我们见多了授权不当造成失败的案例，也看到了很多经过授权而促使团队工作更加高效的经典案例。作为管理者，在带领团队的过程中，我们不可能做到事事都管，所以此时唯独"授权"才是解决问题的关键。

那么在授权的过程中，究竟要考虑哪些原则性问题呢？

第一，有目的地授权。授权绝对不是"撒手不管"，也不是不分青红皂白、乱无目的地进行授权。通过授权，领导者要达到什么样的目的，这是我们要提前想清楚的事情。授权并不是一种目的，而是一种管理手段。

第二，因事给人、视能授权。授权绝对不能大意，因为权力代表的不仅仅是责任，对被授权人来讲可能是一种满足感，而对旁人来讲可能是一种"榜样"。别人会将被授权人当榜样，这种榜样的力量是无穷大的。如果不谨慎择人授权，那结果也是可怕的。

就以1995年2月27日来讲，想必这一天对银行业是有很大影响的。这一天，在世界上有着233年历史的巴林银行彻底垮台了。要知道这家银行拥有四万多名员工，下属集团都有四个，全球各地分布着无数巴林银行的分支机构，如此规模巨大的银行怎么可能会垮台呢？

这要归咎于一个人——李森。此人曾经是巴林银行最优秀的交易员之一，当时 28 岁的李森就成了巴林银行新加坡支行的经理，他曾经通过一个人的能力创造了超过整个银行其他人业绩总和的财富。

巴林银行为了彰显对李森的重视，董事会决定采取一项授权，即给予李森先斩后奏的权力。可巴林银行的董事们没有想到，正是这一草率的授权，使得巴林银行走上了毁灭的道路。

1994 年，李森认为日本股市开始上扬，他没有经过批准就进行套汇衍生金融商品交易，期望利用不同地区的交易市场的差价获利。这一决定如果是其他员工的行为，估计早已经会被集团进行审查，可具有授权的李森是可以先斩后奏的。之后，李森在购进价值七十亿美元的日本股票指数期货后，又做起了高达 200 亿美元的空头交易，这就相当于将整个巴林银行都压在了日经指数上，这样做的风险可想而知。不幸的事情最终还是发生了，日经指数并没有向李森预测的方向发展，最终，巴林银行因为李森的错误决策损失惨重，虽然英格兰银行采取了一系列的拯救措施，但是都没能挽救这家历史悠久的银行。

通过巴林银行的案例，不难看到授权绝对不能大意，不能随便授权他人。对于被授权人的能力，要做综合考评，不能简单因为某项业绩而进行特殊授权。

第三，无交叉授权。授权过程中最忌惮的就是交叉授权，一项权力如果授权给两个不同的人，那么这两个人就可能会因为权力而产生争执，从而影响团队的整体工作方向。上海一家医疗企业贸易公司，为了新设备开拓当地市场，分别授权给了两个销售代表，最终的结局是两个销售代表为了个人业绩提升，随便让利给客户，导致新产品市场价格体系的混乱。

　　被誉为世界第一 CEO 的美国 GE 公司原总裁韦尔奇认为，企业领导者要将时间花费在有意义的工作上。曾经有人对他说一周会工作 90 小时以上，韦尔奇便要求对方写下 20 件一周要做的事情，他发现在这 20 件事情中，至少有 10 项工作是没有意义的或者是可以让别人代劳的，他强调领导者的工作完全可以通过授权进行分配。

　　适度授权恐怕是所有管理者都难以掌握的，所谓适度就是不能过分授权，不要为了自己"省心省力"而进行过分授权。同样，授权也不能过分管控，权力下放之后，就不要担心用权不当，否则就达不到授权的意义。

个人魅力决定授权的价值

对于一个团队来讲，人是团队成败的关键，团队管理最难的可谓是对人的管理。对团队管理的好坏，关乎整个团队是否能够成功，而能否做好管理工作很多时候要取决于管理者的魅力。管理者的个人魅力往往能够决定授权的价值，这就意味着管理者的人格魅力要能够使下属信服、敬佩，从另一方面来讲，管理者必须要以德服人。

个人魅力对授权究竟有怎样的影响？我们不妨设想一下，如果一个人具有超强的感染力和说服力，他在授权的时候，被授权人一定也是具有一定能力的人，同样，在授权之后，其他成员会对其授权信服，从而更加容易进行团队合作。那么究竟要怎样培养个人魅力呢？

首先，要培养个人魅力，必须要培养自己的感染力。这就要求我们在做事情的时候做到公平，一个人为人处世的基本原则就是公平无私，在管理过程中，这一点十分重要，这也是体现管理者个人素质的一个方面。在团队中，对于那些敢于直抒己见的人，管理者应该做到乐于礼贤下士。在团队管理中，要客观公正，不要被个人好恶左右。要善于接纳他人的建议与意见，做到宽容待人，严于律己。

其次，做一个心胸坦荡的管理者。宽厚待人是管理者必备的个人素养，整个团队的团结协作都离不开管理者内在的修养和气度。作为团队的带头者，一定要有容人、容事的心胸，容得下反对自己意见的人，容得下能力比自己强的人。对团队成员出现的过失，对下属的不同见解，都要大度处理，切忌斤斤计较。

再者，以身作则、勇于当先的品格不可少。在对团队的管理过程中，踏实的工作作风往往能够赢得员工的信赖，同样在难事、苦事面前，要敢于争先，千万不要将难事都分给下属去做，这样不利于建立自己的威信。团队领导者应该学会用自己的品格去感化下属，这样做才会让团队成员对你心服口服。

最后，管理者个人魅力展现的基础是才学。一个成功的企业管理者，往往具有过人的才学知识，这一点是毋庸置疑的。所谓的才学不只是指人的学历，还包括个人的能力和专业技能，这就要求管理者具有自我提升的意识。

著名企业家李嘉诚曾经说过这样的话："如果你想做团队的老板，简单得很，你的权力主要源于地位，这来自上天的缘分或凭借你的努力和专业；如果你想做团队的领袖，则比较复杂，你的力量源自于个人魅力与号召力。"可见，成功的管理者的个人魅力不仅对授权有一定的影响，也会影响到在团队中的号召力。管理者如果没有个人魅力，即便权力再大，工作也只能是被动的。

在海尔集团的发展过程中，张瑞敏被中外企业所赞誉。1991年12月20日，在青岛市委市政府的指示下，青岛电冰箱总厂、青岛电冰柜总厂和青岛空调器厂组建起青岛海尔集团，这次组建并不意味着海尔集团会一帆风顺，更不意味着会比之前的效益更好。当时，有人劝张瑞敏，也有人骂张瑞敏，说他是"找罪受"。

由于集团给企业引进了先进的技术，也注入了大量的资本，从而使得企业起死回生了。1992年，企业的生产销售创下了历史最佳的记录。1993年，海尔集团成为集科、工、贸一体的工业园区，不仅如此，海尔集团还与德国、意大利等国的客户进行合作，一跃成为世界五百强企业。

现如今，世人都知海尔，而如果当初没有张瑞敏强有力的管理风格，或许海尔不会有今日的辉煌成绩。张瑞敏的个人魅力，在企业内也是公认的。在海尔工作十年之久的一名司机，曾经透露说："他是我们员工心目中的神奇人物，提到他，我们都会觉得很自豪。现在有他，以后不管他将位子让给谁，我们都会支持他的决定，因为我们相信他的眼光。"可见，一个成功的管理者有着其独特的个人魅力，并在他的带领下，将团队推向成功的高峰。

企业管理者应该常常进行自我反省，反省自己的管理作风，对自己的人格魅力进行修炼。一个注重个人魅力提升的管理者，往往在授权的时候也能够做到"公平、公正"。在挑选授权对象时，也能够从长远的角度出发，进行合理授权。

管理者的个人魅力是其信仰、气场、性情、品行、才学等综合因素的体现，缺乏优秀的个人魅力的领导者，其授权行为往往得不到团队其他成员的信服，也不利于团队协作。管理者自身强大的感染力、影响力和感召力，这是团队成功的关键所在。

"用人不疑"不只是说说而已

　　信任是授权的前提，而要做到信任并非是一件容易的事情。在工作中，作为团队的管理者在授权之前，肯定要确定自己的用人原则，按照用人原则确认是否适合授权，一旦确认授权，就不要怀疑自己的授权对象。

　　互相信任是授权管理的重要润滑剂。领导者之所以会将权力下放给某个下属，则代表被授权者是可以胜任之后的工作的，所以，职权一旦授出，就要充分信任下属，放手让下属大胆独立地完成工作，而不是处处掣肘，事事苛求，时时担心。

　　授权，绝对不等于放任，授权后还必须对下属的工作实行必要的监督和控制，如发现问题，就要及时纠正，对严重偏离目标或者是滥用权力的下属，作为管理者就要及时调整或更换授权对象，这都是管理者进行授权时必须注意的事情。

　　管理一个团队，重要的是对人的选用。任用人才，不怀疑、不质疑地进行授权，才能达到授权的效果和作用。选择授权对象关系到管理者的自身能力和切身利益，许多管理者在这方面都会只是看到局部，未看到全局，从而走入一个选人或授权的误区，最终导致真正有才能的人不能被重用，被重用的人却不能胜任当下的工作。那么，作为管理者，究竟要怎样做到用人不疑或者说如何选择授权对象呢？

　　首先，切忌任人唯亲。无论古今，管理团队都十分忌讳任人唯亲的管理模式，但是任人唯亲的现象并不少见，尤其是在授权过程中，任人唯亲往往会造成很严重的后果。在实际管理过程中，任人唯亲往往会让管理者的权力被架空。那么究竟要如何避免任人唯亲呢？最简单的一条原则就是不要让没有真才实学的亲属干涉公司的决策，主动接近那些有真才实学的"实干家"，乐于听取他人的建议，并多方面收集信息。

其次，避免唯才是用。或许很多管理者都会问"唯才"有什么错？在选择授权对象的过程中，考虑个人才能是没有错的，但是如果只是考虑个人能力，忽视其他方面，就不可取了。在重视能力的同时，也不能轻视人品。根据美国商业协会的一项调查显示，美国投资者对中国雇员最担心的就是忠诚度和职业道德，他们随时可能跳槽，也不会自觉地保护原公司的商业机密。同时，要考虑的是重视能力，但是不能轻视代价。特别是中小企业，花大的代价雇佣一个有卓越才能的人，可能会给中小企业带来一定的经济负担。当然，不要因为重视人才而使组织结构被破坏，所谓组织结构就是团队内的人员配备情况，千万不要因为对才能卓越的人的重视，而忽略对其他人的培养。

再者，切忌学历至上。从一般情况来讲，学历只能反映一个人的受教育水平，而不代表一个人能力的大小。对于团队领导者来讲，不应该将学历与能力画等号。如果在选择授权对象的时候，只重视学历，那么最终的结果就是打击了其他有能力的员工的工作积极性，所以授权对象的学历不是越高越好。

最后，人无完人，不要追求完美。管理者要全面地考察被授权者的综合素质，但是不能容不得对方有一点缺陷。所以说选拔人才需要理性的眼光和客观的态度，既要全面观察，又不能偏于一端，不能过分苛求，也要全面进行衡量。

长江塑胶厂在创业之初，发展格外困难，李嘉诚和他的员工遇到了各种各样的困难。但是李嘉诚相信，一切都会好起来的。在后来，李嘉诚变得重用人才，尤其是对盛颂声、周千和的重用，之后他们二人对长江塑胶厂忠心耿耿，兢兢业业地为之付出。李嘉诚发现盛颂声思维活跃，聪明灵活，所以让其主抓生产；周千和则性格沉稳，做事认真，李嘉诚让其负责打理财务。在之后李嘉诚接受采访时说道，长实集团的发展离不开二人的贡献。在 1980 年，盛颂声担任长实集团董事副总经理，5 年之后，李嘉诚又提拔周千和为董事副总经理。可想而知，如果他们没有能力，怎么会将他们放在如此重要的位置上？

对于授权，李嘉诚做到了用人不疑，也正是因为这一点，长实集团才会留住人才，才能够真正达到授权的效果与价值。对于团队管理者来讲，只有真正地认识到这一点，才能够将授权变得有意义，而不是仅仅停留在表面。

大权要独揽，小权要分散

对于任何一个管理者来说，都会面临"权力"的问题，权力越多就证明要负责的事情越多，同样，权力越集中，则表明管理者要考虑的工作方面越集中，这样做对团队的长久发展来讲是十分不利的。因此，学会授权十分重要。

说到授权，管理者必然面临一个问题，那就是什么样的权力可以授权给下属，什么样的权力是必须自己保留与掌控的？其实，在授权的过程中，要掌握两方面的原则：第一点，是"大权要独揽"。所谓"大权要独揽"，就是关乎团队发展与重大决策的权力是不能下放的，这并不是不信任下属，而是因为一些决策和团队的发展方向，只有团队领导者才能看清和明白，这样做是一种对团队负责的表现。第二点，是"小权要分散"。所谓"小权"，就是一些具体到行业或者涉及专业性的权力，这样的权力要懂得下放，同样，不要将所有的小权都下放给同一个人，这样容易形成集权，集权的最终结果就是"独大"。

在当今的商业社会，一位精明的企业领导者应该明白，想要经营好一个公司，要有"万斤重担一肩挑"的责任感和气魄，而这里"万斤重担"指的是关乎企业存亡、经营制造等方面的大权要紧握在自己手中。只有这样，无论团队中是十几个人还是几万人，都能做到像古代战场将军指挥士兵一样，令行禁止，这样的企业才更有活力，这样的团队才能走得更远。当然，精明的团队领导者也应该很清楚，一个人的精力毕竟是有限的，如果事无巨细，统而揽之，一天别说仅仅只有 24 小时，即便有 30 个小时，也是忙不过来的，最终的结果也是事倍功半。

日本松下电器公司可谓是世界著名企业，其创始人松下幸之助即深知授权之道，在整个商界恐怕无人不知，松下公司是世界上第一个设立事业部的公司，重点是公司实行分权组织制度。松下公司的事业部在成立之初，遭到了很多人的质疑，当时，事业部分为收音机部、脚踏车灯及干电池部、配电线器具及电热器制造与销售部。这是一种大胆的经营尝试，也是松下分权的尝试过程，经过一段时间的经营和分权，松下幸之助发现，仅仅只有配电线器具及电热器制造与销售部有销售机构，而其他部通通没有，这就表明，整个企业的销售工作实际上还是由公司一手包揽。于是，他为了促使各个部门都能够进行销售，便允许各部自设营业科，负责各自产品的销售和推销。逐渐地，公司管理层意识到了这样做的好处，即公司的产品研发种类很多，各项产品进行独立的研发、制造、销售，这样的分散经营，独立核算，全权由各部的部长负责，不仅能够充分发挥各部门的工作积极性，更能够做到自主盈亏，激发不同部门之间进行利润对比。同时，由于各部门权责一致，不能够再全权依靠公司，这就逼迫各部门尽快引进人才，提高工作效率。

通过分散小权力的方式，松下公司在很短的时间内，同类商品的市场占有率大幅度提升，同时，公司有更多的资源来研发新产品。或许正是有了分权的体制，才成就了今天的松下集团。

管理者不应该是大权小权一起抓，在学会大权独揽、小权分散的同时，还应该注意以下几方面：

第一，分清楚哪些权力可以下放。作为一个管理者，这一点是最基本的职业素养，对于关乎企业存亡的权力肯定是不能够随意下放的，同样，关乎企业利润的权力，也是需要团队领导者重视的。

第二，分散下放的小权力。所谓"积小成大"。即便再信任某个员工，也不要将所有的权力都压在一个人身上，且不说此人能否胜任，这对其他同级别的员工来讲也是十分不公平的，这样做是不利于团队协作的。

第三，用专业的人来掌控小权力。所谓"小权力"也是相对来讲的，将权力赋予专业的人，比如基层员工的任用权力要基于人事部专业的人员负责，随意授权不仅不利于团队协作，也是管理者不负责的一种表现。

当今社会，商场如战场，你的团队要想拥有立足之地，那么就要具备一定的"战斗力"，授权得当，不仅能提升团队的凝聚力，也能够减轻管理者的负担，让整个团队充满活力。学会独揽大权，让下属"打理"小权，这才是成功管理者的经营之道。

谁来管控下放的权力？

古代圣贤韩非子有云，"下君尽己之能，中君尽人之力，上君尽人之智"。其内涵表明敢于授权并做到善于授权，既是一个管理者心智成熟的表现，同时也是管理者带领团队走得更远的基础条件。

下放权力并不代表着管理者就可以"不管不问"，在实际管理过程中，我们看到很多企业尝到了下放权力的甜头，也有的企业则吃尽苦头而悔不当初。或许很多管理者还在纠结"权力是否要下放"，其实，权力下放是必然，但是要做到"有度地下放权力"，这才是避免管理失控的关键。

所谓"有度地下放权力"就是要明白并不是所有的权力都适合"压"到下属头上的，同时，在下放权力之后，管理者要做到适度管控，千万不要做只放权、不监督的领导者，这样的团队是不会走得长远的。

我曾经在一份企业内刊上看到过这样的案例：一家商务咨询服务机构，因为客户量少，经营业务一直没有太大起色，企业老板为了企业更快地发展，决定与国外一家大型节能公司进行合作，从而开展新的业务渠道，增加企业的利润。

企业老板将与国外大型节能企业商谈合作的事项全权交给了市场部经理王某负责，在整个合作洽谈的过程中，这家商务咨询服务机构的老板几乎不过问王某任何事情，只是通过王某每个月上报的工作报告了解合作情况。

合作虽然洽谈成功，但是在接下来的两个月时间里，公司的收入并没有任何起色，更可怕的是公司为了达成这项合作，竟然同意投入资金两千万，这无疑为公司的经营带来了不小的负担和挑战。而面对如此巨大的运营压力，这家企业的老板竟然浑然不知，最终了解到企业现状还是在财务部负责人的工作汇报中。

通过这个案例不难看出，这家企业的老板只懂得授权，却不懂得监管，这样做的后果是可怕的。可见，授权与监督如同一枚硬币的两面一样，对立统一，相互依存。作为团队管理者应该正确地授权，同时做到恰当有效的监督。

团队的管理者不仅要做到合理授权，更要做到适度控权，具体的方法如下：

首先，定期检查。管理者不要做"甩手掌柜"，要对自己下放的权力进行检查，检查的重点是了解员工的执行情况。通过下放权力，经营者的目的是提高员工的执行力和工作效率，如果在定期检查的过程中发现，下放了权力却达不到提升工作效率的目的，那么管理者就应该做深刻思考了。当然，定期检查也要找到平衡点，所谓监管太紧，既容易抑制员工的工作积极性，也不利于员工想象力的发挥。而对于工作时间长并且驾轻就熟的员工，也应该进行检查，要做到一视同仁，这样才能够做到公平。同样的，定期检查也要掌握尺度，既要检查也不能干涉其施权。

其次，设立管控机制。很多大型企业都会设立单独的检查岗位或者机制，尤其是在酒店行业最为突出，大型的酒店往往都会设立检查机构，设立质检岗位，此岗位有权力定期对各部门进行检查和监督，从而将检查结果直接汇报给团队的第一负责人，他就是领导者的眼睛，起到监管的作用。

再者，注重岗位流程的建立。不管是哪行哪业，在工作过程中，都需要建立一个流程，而流程是否顺畅，往往能够决定工作是否高效。同样，建立顺畅的岗位工作流程不仅能够让下放的权力更容易监管，也能够促使管理者更简单明了地了解工作进度与节奏。

最后，管理者在发现被授权人不适合做管理的时候，要及时"收权"。很多管理者在开始会草率地授权，但是经过定期检查之后发现，很多人不适合作为被授权人，或者说并不是最佳被授权对象，此时，管理者要及时地更换授权对象，避免因为授权不当，给团队带来不必要的损失。

法国启蒙思想家孟德斯鸠曾说过："权力不受约束必然产生腐败，绝对的权力产生绝对的腐败。"由此可见，权力需要约束，而对于企业来讲，约束下放的权力是一种管理智慧，这种智慧的运用可以让团队走得更远。授权必须要有恰当有效的监督，否则企业将面临巨大的风险。

分清管理型人才与业务型人才

　　管理与业务本身是两个方面的，即懂业务的人未必擅长管理，管理好的人也未必精通业务。但在现实的管理过程中，这两个概念却极易被混淆。对于团队来讲，分清楚管理型人才与业务型人才十分重要。

　　举例来讲，在古代带兵打仗的人分为帅才和将才。帅才比将才要略胜一筹，其多半是偏重于战略思维，不仅善于作战，在学识和涵养方面也要高一些，其洞察力和创新能力也较强，善于对整个团队进行管理。将才是在一定局部范围内能掌控局势，他偏重于战术或方式方法的研究。

　　在当今，团队的管理需要具有一定学识，同时能够具有更好的领导能力和洞察能力的人。而业务对整个团队来讲，就是赢得利润的具体途径和手段，业务型人才往往适合经营产品的推广，实现创收。由此可见，管理型人才与业型人才的擅长项或者说是工作重点不同。

　　对于一个团队来讲，只有将适合的人运用到适合的事情上，才能真正实现他们自身的价值，同时满足团队发展的需求。分不清管理型人才和业务型人才，这对整个团队的影响是不利的。

　　首先，对于授权来讲，肯定要将管理方面的权力下放给管理型人才，如果让业务型人才做管理工作，势必会给整个团队的管理带来不必要的麻烦。其次，对于业务型人才来讲，他们更希望通过自己的努力，实现创收，而不希望将时间花费在团队的管理方面，同样，如果让管理型人才"跑"业务，势必会影响其工作积极性。最后，对于一个团队来讲，授权本身就是要选择适合的人才进行权力下放，如果混淆人员的工作岗位特性，势必会影响团队的工作效率。

在北京一家出版公司，发生过一次很重大的授权失误问题。在2016年的时候，公司总经理张某为了在外地建立分公司，决定将总部的市场总监王某外派到山西太原，并担任山西分公司的负责人。

王某在到达山西之后，将自己经营市场营销部的方法用到了经营分公司上，最终导致山西分公司的人员流动性比较大，半年的时间，不但新公司业绩没有新的开拓，就连整体团队管理也是十分混乱的。

后来，北京总部了解了具体情况之后，决定让王某只负责山西的市场推广和开拓，没想到他在短短半年时间，就为山西分公司带来了年入百万的利润。

通过这个案例不难看出，张某之所以让王某做分公司的负责人，就是因为其没有分清楚什么样的人适合做管理、什么样的人适合做业务。在实际的管理过程中，这种混淆管理型人才与业务型人才的事例还有很多，最终给团队带来的影响也是十分不利的。

管理型人才是具有广博知识和社会经验的人才，在企业整个管理过程中，能够支撑起整个线条的人员。为实现目标，他们机动灵活、应变能力很强。业务型人才多善于交际，能够在人脉与业绩之间达到平衡，因此，作为团队管理者，需要能够分清不同的人适合怎样的工作内容，只有这样才能够实现团队的高效管理。

那么哪些权力适合下放给管理型人才，哪些权力适合下放给业务型人才呢？

第一，人员管理方面。在人员分工方面，管理型人才具有全面的思考方式，他会考虑到每个人的具体工作能力而进行。在人员工作安排方面，管理型人才会考虑到核心工作，将核心工作分配给核心的团队，这种有计划有逻辑性的安排，往往是管理型人才所能做到的。

第二，在产品服务方面。关于任何一个团队所创造出来的产品或服务，都是需要依托业务人员进行外销的，而要实现顺畅外销的工作，自然需要业务型人才的全面参与。换句话来讲，关于企业的销售与市场方面的流程工作，需要业务型人才进行管理与把控。

第三，在财务方面。不得不说财务管理是每个团队都要进行的一项工作，而财务工作的管理水平直接关系到整个团队的生存。毋庸置疑，这就要求整个团队中有专业的人员进行操作，同样担任管理工作的自然也不可能是业务型人才。

做团队中的"闲人"

　　管理者要做团队的"闲人",即要做到无为而治,何为无为而治?
从表面上看,是领导者根本无须做什么,团队成员也感受不到被管理
的紧张感,但是一切工作都在井井有条地进行着。你可以想象这样的
一个画面:管理者只需要在办公室喝喝咖啡、批复一下文件,员工上
班时间认真工作,下班按时离开。或者我们会听到有的企业的员工会
说:"我们看到我们的老总总是在旅行,感觉一点也不忙。"这种看
似轻松的管理方式就是我们所要说的"闲人"管理模式。

　　无为而治,当然指的并不是团队领导者什么也不管,什么也不负
责,而是指作为团队的员工根本感觉不到被管理的拘束感。让员工感
觉不到管理,这才是管理的精华所在。当然,要做到"无为而治"是
需要有前提条件的:首先,团队具有完善的管理体系和规则,员工可
以按照制度的框架进行工作,这样能够确保员工不会出现大的纰漏。
其次,要求团队员工有较好的素质和职业修养,这一点往往是管理者
所看重的。最后,要求管理者是一个善于授权的领导者,而不是一个
事无巨细的跟进者。那么,无为而治究竟有什么好处呢?

　　就拿有的企业要求员工上下班打卡来说,目的是要求员工按时上
下班,不要因为员工个人的私事而影响工作,但是这成了很多人选择
是否从事一项工作的条件。

　　我曾经对两家公司进行过分析,一家公司要求员工必须按时打卡,

下班加班不管多晚都要打卡，如果没有打卡就要扣钱，这家公司的员工为了争取按点上班，会争分夺秒地挤电梯，打完卡之后会紧接着跑到楼下买早餐，这样一来，我发现需要花费至少20分钟的时间来完成这件事情。而另一家公司不要求员工打卡上班，只是规定了员工的工作时间和每天的工作量，我发现这家公司的员工一个月也没有几个人迟到早退，大家进入公司反而就能够进入工作状态进行工作。

对于员工的管理，领导者应该遵循"抓大放小"的原则，大事要过问和参与，小事不要多管。事无巨细的管理模式，不单管理者自己会觉得累，团队成员也会累，工作效率也不会高，最后也容易造成团队人员的流失。

在之前我们普遍会认为管事比管人要简单很多，因为人的变化远远比你遇到的问题的变量多。可是对于善于授权和放权的领导者来讲，他们会将"管人"作为一种有效管理的途径。那么究竟怎样才能实现"无为而治"呢？

第一，确保团队各项制度和机制的成熟度。一个企业或者说是一个团队，管理者要想将权力下放，就要先具备完善的制度，无论是用人制度，还是晋升制度，无论是财务授权制度，还是市场销售规范。只有将各个线条的制度进行梳理贯彻，并且与各部门的实际情况相结合，这样才能够具备下放权力的条件。

第二，划分工作范围与岗位职责。一个团队如果岗位职责不明确，工作范围不清晰，那么很容易造成内耗提高。在任何一个团队，内耗提高势必会影响团队的发展。

第三，分清事情的轻重缓急。从管理者本身的岗位职责来讲，可能每天都会面对大大小小的事情。此时，不妨将事情进行分类，分清轻重缓急，先做重要且急迫的工作，最后做不急迫并且不太重要的事情。分清工作的主次也是有助于团队提升工作效率的。

天津有一家装饰公司的规模不算大，只有不到 100 人，在这家公司的一面白墙上，用记号笔画出了一个大大的"十"字架。左上角、右上角、左下角、右下角分别写着"重""急""轻""缓"四个字，在这四个区域内，贴满了便利贴，在便利贴上写了什么工作，负责人是谁，完成截止时间。

我很好奇地问这家公司的总经理王智，为什么要将工作项目贴在这里。他的回答是："这样做是为了让每个部门了解到自己的重点工作是什么，也能够督促各部门完成工作，避免出现拖沓的现象。"在他回答我的问题的同时，我看了一遍墙上贴的所有的便利贴，但是没有发现一张的负责人是王智的。我便接着问，为何没看到他的工作项目，他笑了笑说道："我的工作就是监督各部门工作的完成情况，当部门之间协调不成工作时，我再出马。"

听完他的回答，我开玩笑地问道："那您的工作岂不是很清闲？"他笑得更大声，回答道："开始的时候问题比较多，但是各个部门都顺畅起来之后，我相对来讲是公司最清闲的一名员工。"

不难看出，管理者要成为整个团队中最"清闲"的一个人，并不是一件简单的事情。在操作方法上也是需要根据公司的实际情况来决定的。在一些外企，我们会发现，当企业的大 boss 出差的时候，公司的各种权力可能都是需要员工自己去把握的，而此时规章制度就成了最好的"监控"。

管理者要学会让自己变成"闲人"并不意味着管理者什么都不用管，什么都不用问，要把握放权的度，也要学会做好合理控权，这是管理过程中难以把控的事情。对于一名聪明的管理者来说，他会想尽办法，将合适的事情分摊给合适的下属，从而做到看似"闲人"，实则对团队的事情了如指掌。

有权就有责

　　责任是一种职责和任务。处在任何一个范围之内，都会身负责任，而对于一个企业来讲，责任必然包含自身的职责和所要达成的任务。从管理的角度来讲，责任往往是建立在权力基础上的，即权力越大，所要承担的责任就越大。

　　"在其位，谋其政"这是众所周知的一个规律。无论是在古代还是现代，只要在某个职位上，掌握这个职位的权力，那么就应该想办法处理工作范围之内的事情，这就意味着要对权力范围之内的事情负责。

　　在一些企业中不乏出现这样的情况，个别的管理者在面对一些工作失误时，会进行追责，会将责任全部归于团队成员，而忽视自己所要承担的责任。显然这样的管理是不能赢得人心的，也是不合理的。

　　一名合格的管理者应该很清楚，在企业中权力可以下放，但是责任是不能下放的，如果责任下放会产生怎样的管理效果呢？

　　在国内一家连锁酒店的河北分店，我发现一件让我感觉不可思议的事情。在这家酒店的质检制度中，我发现很多条针对员工个人的处罚项，而针对部门负责人的处罚项却少之又少。就以这家酒店的餐饮服务来讲，如果酒店接到顾客投诉某个服务员服务不到位、态度不热情时，制度中表明会对被投诉的员工进行相应的罚款。除了对员工的罚款之外，并没有其他的补救措施或者是进行其他管理者的追责。

对于这家酒店的这种管理方式，我们就可以认为是一种责任的下放。显而易见，客人投诉服务员的事项，不仅仅有服务员自身的问题，也有管理中的疏忽，比如管理者疏忽对员工的培训与考核，疏忽对员工的操作流程的规范和监督等。一味地只是将追责放在员工身上，是起不到真正追责的目的，也不利于团队管理的提升。

责任不能下放，同时，管理者也要明白，该承担的责任也需要承担，只有责任到位，对其他员工来讲才算是公平、公正。很简单，如果团队中某个员工，因为自身原因而犯错，导致整个团队的不良运行，作为管理者却不进行追责，而是"睁一只眼闭一只眼"，最终，不但这名员工不会意识到自己的错误，其他员工也会觉得不公平。

我们还以上面这家酒店为例来讲，如果遇到客人投诉服务员的服务水平差，态度不好时，对这名员工的追责是不可缺少的，无论哪种方式，都要体现出追责。这样做不仅仅是为了警告这名员工注意自身的问题，更是为了让这名员工明白身为服务人员，究竟什么是自己的职责，自己究竟要对哪些事情负责。在一个团队中，无论职务高低，只要是其中一员，就势必会需要承担某些责任，这一点是毋庸置疑的。

我对上海的一家文化传媒公司进行培训时发现，在这家公司的公告栏中，贴了一张月度的奖惩单，上面写了奖励或惩罚某个员工的原因，如果有连带责任人的话，也会进行相应的奖惩。看完之后，我找到这家公司的人事总监。通过与这家公司的人事总监进行沟通了解到，这家公司每个月都会评选出最佳员工，并进行奖励，当然，也会对这个月触犯纪律或者是犯了比较重大过失的员工进行处罚。

走出人事总监的办公室，我随机询问了几名员工，他们觉得公司的奖惩制度合理不合理，发现这几名员工的回答无疑都是："合理，该奖励就奖励，该负责就得负责。"

对于这家公司的管理就很显然能看出来，他们是将权力与责任相互结合的，即在权力范围之内的责任进行合理奖惩，这就是我们所说的公平管理的一种体现。

对于任何一个管理者来讲，要想让团队更加团结，就应该学会对责任进行划分，那么要注意哪些方面的问题呢？

第一，权力对应责任。不要因为职务高低而不将权力与责任进行等量划分。很多管理者会站在职务的优势上，有权而不担责。

第二，注意建立标准。在对权力划分的过程中，需要建立一套标准，而在责任划分的过程中，也应该遵循一定的标准，如果没有标准，只是简单地进行责任划分，那么往往是无法实施的，也不可能做到公平。

在日常管理过程中，作为一名管理者不应该忽视团队协作能力的建设，而团队协作能力最好的体现就是如何做到公平，分权与分责就是体现公平的最基本手段。因此，作为管理者，要有权力更要有责任。

第四章　知人善任，授权方法有讲究

　　对于一个团队来讲，在选拔用人时，应该从团队岗位出发，选择适合的人担当职位，对于职位所要求的能力，员工必须达到。在这个过程中，就要求团队领导者善于寻找适合的人，请合适的人上车，不合适的人下车。

请合适的人上车，不合适的人下车

企业不是福利机构，任何一名员工都要实现自己的价值，从而得到企业的认可。做一名有价值的员工才算是适合团队的员工。"假如你有聪明，请你拿出来；假如你缺少聪明，请你流汗；假如你既缺少聪明，又不愿意流汗，请你离开！"这是蒙牛集团总裁对员工讲的话。的确，作为团队的带领者需要将权力下放给适合的人。

对于一个团队来讲，在选拔用人时，应该从团队岗位出发，选择适合的人担当职位，对于职位所要求的能力，员工必须达到。在这个过程中，就要求团队领导者善于寻找适合的人。那么究竟从哪几方面选择适合的人做适合的事呢？

首先，要选择合适的员工，先要确定选择标准。只有确定了选择标准，才能进行人选的各方面的选择与对比。毕竟员工岗位不同，业务素质和层次要求也是不同的。比如一名工程师和一名技术员的职业素养要求是不一样的，所在的层面也是不同的。如果不能确立标准，拿要求工程师的标准去要求技术员，那么是很难找到合适的技术员的。

其次，要学会看人长处，用人长处。著名管理学家彼得·杜拉克曾经说过："卓有成效的管理者善于用人之长。"无论是在与朋友的交往中，还是在团队中，都应该看到别人的长处。对于团队的管理者来讲，更应该看到每一名员工的长处，利用其优点，进行工作安排与岗位安排。比如，在工作中，一个人性格比较活跃，善于进行部门沟通，那么在企业组织年会的时候，就让这名员工参加。

最后，全面看人，不要轻信谣言。对于一个团队来讲，团结是十分重要的。同时，在选拔授权对象时，要全面分析，不要轻信谣传，要用事实来评断一个人。

对于一名管理者来讲，要学会善于选择适合的人，同时也不要忘记淘汰不适合的人。物竞天择，是每个行业都需要遵循的自然规律，尤其是在当今社会，竞争如此激烈，作为团队的管理者，要时刻把握人员情况，做到优胜劣汰，这不仅是对团队负责，也是为团队补充新鲜血液的办法。

众所周知，老鹰是鸟类中最为强悍、凶狠的物种。曾经有动物学家专门对老鹰进行过研究，经过长期的考察和研究发现，老鹰每次都能够繁衍四五只小鹰，为了保护小鹰们不被其他动物发现和吃掉，它们会选择比较高的巢穴，老鹰每次出去觅食，带回来的食物也只够一只小鹰进食的。老鹰并不会秉承公平的原则，轮流喂食，它会静等小鹰们争抢食物，凶猛的小鹰会进食较多，弱小的小鹰是无法吃到食物的，并且可能会被活活饿死，老鹰们通过这种喂食方法达到了自我的淘汰，从而保证了老鹰一代代都是如此凶悍、勇猛。

老鹰如此，作为团队也应该如此。在整个团队中，不可能有绝对的公平存在，越是适应能力强、有进取心的人，越应该占有有利资源，从而充分体现出优秀员工的自身价值。当然，在进行员工优胜劣汰的时候，要注意以下几个方面：

第一，勤奋，并不是不被淘汰的借口。我们不得不承认，在授权的时候，我们会考虑到一名员工工作是否努力，是否任劳任怨。但是这并不是我们选择重用某个员工的标准，要知道，一名勤奋的员工，并不一定就代表其适应团队的发展需要。比如一名清洁员，他每天都会提前半个小时到岗，下班之后我们发现他还在认真地打扫卫生，在其他区域，我们却看不到其他清洁员，此时，作为管理者应该看到员工的辛勤，但是同时也应该思考为什么其他员工不用加班就能完成工作，而他每天都要花费如此长的时间。由此可见，辛勤的员工可能是一名合格的员工，但未必就适合这个岗位。要学会撕毁"苦劳簿"，建立"功劳簿"。

第二，要分清什么是小聪明，什么是真聪明。对于很多企业都希望自己的员工是聪明的，换句话说，就是通过员工的机敏和智慧，提高工作效率，达到更好的工作效果。但是作为管理者，尤其是在选择授权对象的时候，一定要避免选择只会耍小聪明的人。小聪明并非是真聪明，在小事上耍小聪明可能看不出什么，但是如果在团队生死攸关的大事情上仍然耍小聪明，这样的人势必会将团队引入困境。

第三，制定优胜劣汰的制度。作为团队的管理者，无论是淘汰谁或者是晋升谁，都应该是有依据的，没有依据的淘汰往往不能让人心服口服，也容易引起不必要的纠纷。因此，要制定一套完整且可行性较强的规章制度，依照制度说话办事。

对于团队管理者来讲，选择适合的人做适合的工作是一种管理能力的体现。尤其是在选择授权对象的时候，更应该对人员能力进行分析。同时，在对不适合的人进行淘汰的过程中，要选择适合的方法，有理有据。

知人善任，不做"障目"先生

被称为"商界教皇"的管理学家汤姆·彼得斯曾在其著作中写道：企业或事业唯一真正的资源是人，管理就是充分开发人力资源以做好工作。既然人才资源是如此重要，那么作为一个领导者就必须有择人艺术。他所说的"择人艺术"，就是指如何做到有效地"知人"并"择人"，也就是"知人善任"。作为一名领导者，应该具备"知人""择人"的能力。

众所周知，领导者的用人艺术就包括"知人善任"。所谓"知人"，指的是具有发现员工的才能，了解员工的能力。"善任"，则是在"知人"的基础上才有可能"择"合适的人才，"知人"也是为了"善任"，这才是最终用人艺术的落脚点。

作为一个企业的领导者，或者是一个团队的带领人，有责任去了解团队中或者团队外的人才，从而善加对待，将合适的人放在合适的岗位上，让其充分发挥自己的特长，这是领导者用人能力的一种体现，也是管理好一个团队的必备能力。

现今，李彦宏被称为"百度之父"，他已被千万人知晓，也成为很多创业者膜拜的对象。可在其创业初期，也是困难重重，但他内心明白一点，要用人，就要找最优秀的人才，所以在创业初期，他找到了刘建国等一批顶尖的技术专家，上市前他又找到了最优秀的财务管理专家王湛生。李彦宏明白，只有发现人才、利用人才的优势，将其设定在优势岗位上，才能够真正实现团队力量的最大化。

　　或许正是由于李彦宏的识人用人之道，才让其更快地走向成功，在今天的百度团队中，他依然奉行着"知人善任"的用人信条。

　　管理大师、GE前CEO韦尔奇认为，挑选最好的人才是领导者最重要的职责，他还提出了著名的"活力曲线"：一个组织中，必有20%的人是最好的，70%的人是中间状态的，10%的人是最差的。作为领导者应该了解20%的人的思想动向，并制定相应的机制，从70%的"中间者"中发掘出有特长的人才，从而使20%的优秀者不断地得以补充与更新，这也是一个团队不断壮大的秘诀所在。那么，作为一名管理者，究竟要如何做到知人善任，避免自己成为"障目"先生呢？

　　首先，知人先知己。既要排除求同存异的排他心理，又要克服自己的嫉妒心理。在整个团队中，可能存在与自己的兴趣爱好十分相投之人，当然也可能存在与自己的性格爱好颇为相异的员工，而作为管理者，应该排除这种求同存异的心理，主动地去了解与自己性格不同的人的才能，不要因为其不响应自己的兴趣爱好而拒绝了解对方。同样，对于在某一类特长上超越自己的员工，要避免出现嫉妒心理，"妒才"是领导者走向失败的根源之一。要知道害怕"功高震主"，对有才能的人见贤思妒，视而不见，这样的领导者是不能人尽其用的。

　　其次，知人要知心。领导者看人不能只看这个人的表面，要了解一个人的本质及品行，不能只看到这个人的表面功夫。所谓"日久见人心"，就是要有充足的时间去了解一个人的内心，只有对某个员工的本性了解透彻，才能够真正观察出其才能。这就要求领导者具有透过现象看本质的能力，而这种能力是"知人善任"所必备的条件。

再者，"善任"及取长补短，所谓天下无无用之人，就是说每个人都有其长处，作为领导者应该具备发现对方才能的能力，而非只看到员工的弱点。你的下属可能有许多缺点和不足，但只要有一项优势，而且适应工作的某一方面，领导者便应该创造机会使其充分发挥，以弥补其他方面的不足。这样做不仅能够节约人力成本，还能够提升团队的工作效率，可谓是两全其美。另外，在人才的配备上，要依据员工的不同特性，进行合理配备，这样才能做到人尽其用，用其所长，达到最佳组合，团队的力量也会超出预算，同时，不同个性的人才根据个性的弱点，配备能克服这种弱点的搭档，真正做到优势互补。

最后，领导者须"人尽其才"。领导者的这种合理分配和调度人力资源的艺术，是当今企业应对复杂化环境的制胜之道。正所谓"集合众智，无往不利"，这是日本著名的松下集团老板松下幸之助先生的至理名言。所以在团队的协作方面，就要求管理者能够合理利用团队每个人的才能，从而使团队的效率达到最大化。

一名合格的领导者必然是"伯乐"，具有慧眼识珠的本领，同时也能够将人才安排到合适的岗位中，从而通过权力的施加，让个人的优势发挥到极致，最终达到团队的优化。而这种"知人善任"的能力，是领导者带好团队的必备条件。无论是怎样的企业，都需要人才的力量，能否使人才的才能得到全效地发挥，也是验证领导者能力的一个方面。

掌握方与圆的用人智慧

在中国传统文化中，十分讲究"方"与"圆"的人生智慧，即方为刚，圆为柔。在处理事务方面，方为遵从原则，圆为随机应变；在与人相交方面，方为做人之本，圆为处世之道、灵活之法。古代一位哲人曾经说过，"做人就如同制造金钱一样，要做到内方外圆"，说的就是在讲究原则性的同时，也不要忘记遵从一定的灵活之法。

对于一个企业来讲，"方圆"理论讲的就是刚柔相济，既要遵循一定的用人原则，又要灵活掌握，不可一成不变，也不可随心所欲。这既是为人处世的智慧，也是管理者用人智慧的体现。

北京一家外贸公司的管理者姓邢，我习惯称其为邢总，他的公司是2004年成立的，发展到2010年已经有上百人，和他一起创业的就是自己的市场部总监，也是企业的副总。邢总说他很清楚，这位副总是和自己一起打拼出来的老员工，所以在很多事情上都会照顾到他，但是这位副总还是不知足，他竟然暗地里成立了自己的公司，并且利用邢总的公司平台和客户链条，为自己的公司拉订单、拉客户。邢总虽然知道这位副总的种种行为，但是也不好将其开除，毕竟他是公司的"老人"。

我问邢总要"睁一只眼，闭一只眼"到什么时候，邢总没有回答。在2016年的时候，因为业务交际，我又一次见到了邢总，可这时，他的企业面临倒闭，我问他的那位副总是否还在公司任职，他回答道：

"他两个月前离开了我的公司，并且带走了我整个市场营销部的员工，如果我的公司倒闭了，很可能我还要去给他打工。"

他的话外之意就是那位副总已经将他的客户关系全部掌握，并且将客户资源都"占为己有"了。其实，这并不能全怪那位副总，邢总也是有责任的，在他发现那位副总占用客户资源的时候，他就应该阻止，而不是纵容对方。即便对方是一名老员工，甚至是一名"功臣"，这都不应该是他掠夺客户资源的借口。在企业管理的过程中，无论是什么职务，无论是谁，一些红线是不能触碰的，这就是我们所说的"方"。至于邢总在发现副总窃取公司客户资源的时候，要采取怎样的处理方式，这个时候可以选择灵活或者圆润的方法，这就是我们要学会的"圆"。

对于很多管理者来讲，都不善于将"方"与"圆"的用人方式进行结合，他们习惯了"非黑即白"的用人方法，但是要知道任何事情都不是绝对的，在不触碰用人红线的基础上，结合团队实际情况，选择用人，从而达到优化人力资源，提高团队工作效率，正确授权的目的，也是可行的。

对于团队管理者来讲，想要做到授权有效，就要学会知人善任，而所谓知人善任的方法必然要先掌握如何"知人"，即如何了解一个人。

首先，要想了解一名员工，要遵从"方"的定位原则，即要从员工本身的工作态度和职业操守进行考虑，这是评价一名员工最基本的考察点，也是选择授权对象的最基本的依据。在很多时候，管理者可能会忽略对员工的职业道德进行思考与重视，这样做的后果就是只看到了眼前的利益，却会忽视团队的长久利益。比如，一名员工可能具有圆滑的交际方式，因此，给企业带来了可观的收益，但是他将收益建立在牺牲企业其他利益的基础之上，这样短期来看，对企业可能没有太过明显的伤害，但是从长远来讲，可能会影响整个团队的发展。

其次，了解一名员工，要看到这名员工的性格特点。一个人的性格往往会影响到其工作，比如一个性格上比较自卑，做事情犹犹豫豫的人，工作中往往会出现拖沓的情况；一个性格上果断的人，工作中往往也是雷厉风行的人。

最后，了解一名员工要有着重点，要知道为何要了解这名员工，要知道通过了解员工达到怎样的目的。在这个过程中，可以从多方面去考虑和做参照。

作为团队的管理者，我们要做的不仅仅是"知人"，更是为了用人，在用人的过程中，要做到有"方"有"圆"，那么就要学会从以下几个方面考虑：

第一，"方"乃最根本的用人制度。在选择用人的过程中，团队所建立的用人制度是必须要遵从的，不要因为某个人而建立"特权"，更不要因为某个人而影响到整个团队的团结。我们经常会遇到这样的问题，某个超有能力的员工，因为其能力强，可能会对企业有特殊的要求，比如同级别的员工没有话费补贴，而他却有，在制度里也并没有规定这个级别的员工可以拥有这项福利，这样一来，就容易造成团队的不公平，最终影响到整个团队的发展。

第二，"圆"乃圆通的处事立场。在用人的过程中，可能会有一些非原则性的问题需要管理者随机应变。比如某个企业缺少一名营销总监，按照一般的情况会让人事部进行招聘，外招有能力的人来担当这个职务，但外招的人力成本较高，为了节约人力成本，同时，整个市场营销团队的管理又不能受到影响，此时，不妨从团队中选拔一位业绩好、有能力的人担任代理总监，这样做也是一个内部优化的过程。

第三，"方圆"结合，即遵从原则，善于变通。管理者既不应该是"老古板"，也不能是"善变者"。尤其是在用人和授权方面，既要遵从择人用人的规则，又要灵活选择，根据实际情况进行变通。

关键岗位敢用新人

　　企业不愿意招聘新人，不敢用新人，这个话题是众人所关注的。那么究竟为什么不敢用新人，尤其是在关键岗位，为什么很多企业都会选择老员工担任，而不愿意起用新人呢？究其原因，无非是以下几点：

　　首先，新人能力有待评估。对于一个团队来讲，重要岗位往往会关乎整个团队是否能正常运营，作为企业管理者，在一般情况下，是不愿意起用一个新人去担当关键岗位的。对于新人的能力，管理者还不够确定或者还无法得到考证，管理者需要通过时间的检验，来了解一个新人是否有能力担此重任。

　　其次，新人不熟悉企业文化的特点。作为一名新人，在对企业文化的认知上可能还不够深，不同类型的企业，其企业文化特点也是不同的，甚至同性质的企业类型，在企业文化方面也是各有不同的。新人对一个企业的文化特点也是需要适应的，考虑到这点，很多管理者也不会主动重用新人。

　　再者，对新人不够了解。作为管理者肯定希望了解团队中的每个人，当然前提是有足够的精力，即便没有那么多的精力，那么也希望在关键岗位上的员工是自己所了解的或者说所熟悉的。从这方面来讲，新人就处于劣势了，管理者对新人的职业素养和工作态度不够了解，这也成为新人不被重用的重要因素。

最后，新人的稳定性未知。大多数团队的领导者都有这样的思考，他们希望将整个团队的人员流动率控制在较低的水平。而对于新人的加入，在开始他们都抱有一定的心态，即新人留下来的几率不大，所以不会主动将关键岗位留给新人。

当然，除了上面的原因之外，还有一个最为关键的原因，那就是成本问题。我们不妨举例来分析，比如一个企业想要招聘一名新人来胜任某个管理岗位，企业要给予其这个管理岗位的同等工资水平，同时，还要对新人进行培训，培训也是成本中的一部分。当新人过了试用期，工资水平还应该相应提升，等新人工作满一年之后，还可能要求加薪，如果在对新人培养合格之后，新人选择跳槽，那么这对企业造成的损失也就是加倍的。

由此可见，企业的重点岗位往往会选择用内部选拔或者是内部调动的方式来解决，但是我们不得不说新人的加入对整个团队来讲是有很大好处的。作为企业的管理者，要敢于任用新人担任重要岗位，我们不妨先从选用新人担任关键岗位的优势方面进行分析：

第一，新人能够将他以往的经验应用到团队中，给团队带来新的活力，这有助于完善团队的架构和提高工作效率。

第二，新人的工作思维方式不会受到企业文化的限制，他们更容易具有创造性，这对团队来讲是自我突破的契机。

第三，新人可以将自己的资源引进到团队中，从而扩大团队的影响力，甚至能够给团队带来更大的经济利益。

小米公司就是一个关键岗位敢用新人的最好案例。

"小米研发队伍超过一半的人来自谷歌、微软、摩托和金山，平均年龄32岁，这是一支非常有经验的团队。我希望更多有经验的人加入小米。当然，小米也希望那些有潜力有朝气的大学生加入我们的集体，可以把他们培养成100%的小米人。"这是小米手机的创始人雷军在回答网友提问时说的一段话。从他的回答中，我们不难发现，他是一个敢于用新人的"老板"，同时也是一个用人成功的管理者。

小米手机作为国产手机，得到了无数国人的认可和信赖。在这个团队中有一个不成文的规定，就是每一位新入职的员工，都可以领到一台工程机，而这台工程机也就是所有员工的日常主机。在新人进入团队的开始，小米公司的相关部门会对新人进行培训，而培训的内容除了专业知识和技能之外，最主要的就是安排新人对小米公司的企业成长历程和企业文化进行全方位的了解。

雷军一直认为真正到小米来工作的人，都是真正干活的人。当他需要组建一支新的团队，对新项目进行研发的时候，他会花费80%的时间来挑选新人。有一次，有一个资深的工程师来面试，他对小米的前途还很怀疑，雷军和同伴花费了整整12个小时，才说服这位工程师留下来。

对于雷军来讲，他敢于用新人，这也是为什么小米团队始终充满活力的原因，当然，企业管理者在选择新人担任关键岗位时，一定要注意以下几方面：

第一，用人不疑。既然选择了某个新人担任重要岗位，那么就不要天天质疑对方的能力，该放手的时候就放手，该授权的时候就授权。如果紧抓着权力不放，这是让新人空有名，无实权，那么对方的能力是无法得到发挥的。

第二，给新人一个适应期。每个人到了新的工作环境，都是需要一定的时间去适应的，对于这点，管理者要给予对方一定的适应时间，不要操之过急，否则会适得其反。

第三，一次决策失败并不代表新人没有能力。很多管理者在重用新人的时候就心存怀疑，再加上第一次决策就出现失误，管理者很可能会否定新人的工作能力。其实，时间是检验一切的唯一标准，所以可以用时间来检验一切。

第四，用人之道，是管理者在带领团队道路上的必修课。对于任何一个团队来说都会出现新旧更替的情况，旧人辞职，新人入职，这是十分常见的，所以作为团队的管理者，要善于用新人，要敢于用新人。尤其是在关键岗位上，老员工不一定适合，新人也未必做不好。起用新人，将新人的能力发挥到最大化，从而促进整个团队的前进，这就是管理者成功用人的体现。

善于用人之长，避人之短

　　尺有所短，寸有所长，人有其长，必有其短。可见人无完人，从企业管理的角度来讲，我们需要的并不是一个完美的人，而是只要运用好员工的优点即可。幸运的管理者，并不是遇到优秀的下属才变得幸运的，之所以幸运，是因为他能够用心对待自己的下属，发现下属的长处，包容下属的短处，让下属的优势发挥到最大化。

　　在古代有一位大将军，经过几次战争之后，军营中会有很多伤残士兵，他觉得直接让这些人回家务农不太公平，所以在他的军营中每个士兵都有可用之处。比如，他会安排聋子侍奉左右，这样能够避免泄露军事机密；他会安排瘸子守护炮台，以此来避免逃跑；瞎子听觉一般都很好，于是他安排他们去阵前监听军情。虽然这样的安排可能看似不够妥当，但是这位将军只是为了将士兵的长处发挥到极致，其短处也就变成了长处。

　　善用人之长，是一种领导艺术，善于避开他人之短，是管理高手的体现。聪明的管理者不一定要拥有多少高质量的人才，但他一定能够将现有的人安排到合适的工作上，将整个团队打造成高质量的团队。

　　楚国时，有一位以善用人才出名的将领，名子发。楚国人都知道他特别重视人才，这个事情被一名小偷知道后，他主动去投靠子发，并且直截了当地告诉子发，他是一个小偷，擅长的就是偷盗。子发的手下和侍从都劝说子发不要留下这个小偷，他们的理由就是小偷为人们所不齿，更无用处。子发却不这么认为，他不顾其他人的反对，坚决将小偷留在帐下。

当时正值齐楚交战，楚王便指派子发率领军队前去迎战，结果，连续交战数次，楚军连连大败。面对如此紧张的局势，众将领一时之间不知所措。此时，小偷在帐外求见，子发十分好奇，便让小偷进帐商谈，小偷进帐之后讲了自己的应敌之策，子发听完之后赞扬他的计策甚妙。

于是，夜间小偷独自潜进齐营，神不知鬼不觉地将齐将首领的帷帐偷了出来，回到楚营交给了子发。天一亮，子发就派使者将帷帐还给了齐将，并对他说，是一名士兵出去砍柴时，得到了帷帐。齐兵得知后都面面相觑，不知所措。

第二晚，小偷又潜进齐营，偷回来齐军首领的枪头。天亮，子发又派人送回。

第三晚，小偷竟然将齐军首领的发簪取回。次日，子发派人将发簪送回。这次，齐军首领惊恐万分，急忙召集部下进帐商议。首领对所有将领说道："看来我们必须退兵了，不然下一步楚军就要取走我的人头了。"将士们无言以对，最后只能乖乖退兵。

齐军撤退，子发当众大大嘉奖了这名小偷，此后，众将领再也没有人质疑子发的用人之意了。

通过这个故事不难看出，一个人是否得到重用，关键不在于此人具有多少优势，而在于管理者是否能够发现其优势，并对其优势进行合理地运用与安排。

对于一个团队来讲，管理者要看到每个员工的优势所在，就需要了解员工，学会站在员工的角度思考问题。例如基层员工可能更为擅长某个技术领域的工作，所以完全可以利用他们对技术的了解，安排一些技术性强的工作。

那么作为团队的领导者，在用人之长，避开员工的短处方面，应该注意些什么？

首先，想用人，就要了解员工的才能，做到工作与才能相适应。即管理者要了解下级能干什么，从而委派到最能发挥其特长的岗位上，扬长避短，发挥其优势。

在美国南北战争时期，林肯是一个比较稳重之人，他所选用的统帅都是几近完美，看不出有什么重大缺点的人，但是与南军交战数次，失败数次。最为严重的一次是首都华盛顿差点失守。此时，林肯开始对南方军队的将领进行分析，发现南方将领虽然有明显的缺点，但是带兵打仗，都是运用了其优势和特长。

经过一番分析之后，林肯决定任用爱饮酒的格兰特作为总司令，虽然他嗜酒如命，但是却有着活跃的迎战思路和战术。最后，格兰特不但没有因为喝酒误事，反而运用其灵活的作战方式扭转了战局。

其次，尊重并赞赏员工的特长，无论是哪方面。对于这点可能管理者会产生疑问，员工的特长对工作没有任何帮助，也有必要尊重并支持员工吗？我们不妨以下面的例子来进行分析。

王刚是一家家具制造公司的老总，他的市场营销部一名员工叫牛文，这个员工平时的业务能力不是太好，在整个营销团队中，业务量也是最少的，市场营销部总监十分不看好他，几次想要辞退牛文，但王刚一直没有同意，市场营销部的总监却不知道原因。

原因竟然是牛文虽然业务能力不强，但是十分喜爱阅读，无论是中外名著，还是古今小说，他都会在业余时间去阅读，并且将自己的体会写成文章。

当王刚将这个原因告诉市场营销部总监之后，其并不认为这对工作有什么帮助，但接下来的事情让市场营销部总监对牛文刮目相看：原来年前，公司接到了一个定做家具的订单，要求能够按照《红楼梦》中，描写贾宝玉住处所用的室内隔断的样式设计，制作一个类似"四面雕空紫檀板壁"的隔断，此订单金额很大，但是难度系数也很高，因为公司内的设计师根本不知道如何设计，此时，牛文找到了设计师，并将自己的理解告知对方，并给出了设计参照方案，最终，家具定制出来之后，不但得到了客户的赞赏，客户还将朋友推荐给了牛文，牛文的客户源瞬间打开了。

最后，每个人都有短处，要有容人之心。作为企业管理者要学会容忍别人有缺点，没有人是完美的，因此，在这点上，管理者要站在大局考虑，不要总是抓着员工的缺点不放。尤其是在人员搭配上，可以利用不同员工的长处与短处，进行有效的搭配，从而提升团队的整体工作效率。

作为企业的管理者，或者是团队的带领者，需要认识到人员的优点，同时合理利用员工的优势，达到事半功倍的效果。而不应该只是看到员工的短处，不然，管理过程中是无法做到优势互补、扬长避短的。

敢于用比自己强的人

曾子有曰："用师者王，用友者霸，用徒者亡。"即选择重用可以当自己老师的人，势必会成为王者；选择重用可以和自己成为朋友的人，势必会称霸四方；选择重用可做自己徒弟的人，那可能就会面临灭亡了。对于企业管理者来讲也是如此，如果重用比自己能力强的人，那么自己的团队势必可以成为王者团队，如果只是一味地重用不如自己的人，那么团队势必会走向灭亡。

在美国的奥格尔维马瑟公司例行的董事会上，董事长奥格尔维让秘书给参会的每个董事发放了一个相同的玩具娃娃，董事们不明白董事长的意思。奥格尔维看出了董事们的疑惑，说道："里面有很多娃娃，请大家看看哪个是你。"董事们都开始认真地寻找，发现大娃娃中还有一个中号娃娃，中号娃娃里还有小号娃娃，小号娃娃里还有一个超小号的娃娃。最后，在最小的娃娃里有一张纸条，纸条上写着："如果你经常重用比你弱的人，将来我们就会变成矮人国。"瞬间，董事们知道了董事长的意思，并表示自己是最小的娃娃。奥格尔维的这种做法被称为奥格尔维法则，也被业界称为著名的奥格尔维定律。

一般情况下，领导者大权在握，在整个团队中就处在了比较显眼的位置，他受到整个团队的关注，所以要应付的事情也是比较多的，其精力会被大大小小的事情分散，此时，如果在各个关键分支部门，能够任用具有超强能力的人，工作起来自然就更加顺畅了。

奥格尔维曾经说过："每个人都雇佣比我们自己更强的人，我们就能够成为巨人公司，如果你所用的人比你差，那么他们就只能做比你更差的事情。"对于一个团队来讲，要越做越强，并非一朝一夕的事情，是需要持之以恒的，其中人才的运用才是关键所在，这和领导者的胸怀是分不开的，也就是说有容人之心，能容纳比自己强的人，才能够促使企业发展和壮大。

俗话说"兵熊熊一个，将熊熊一窝"，这就反映出了一个领导者的作用，如果管理者用人方面不能选择比自己强的人，那么就会形成一个恶性循环。但是通过数据统计发现，在企业管理者中，90% 的领导者都会害怕自己的下属取代自己的位置，出于"自我保护"的意识，他们在选人、用人方面会选择比自己弱的，这样做不仅对自己的发展不利，对整个团队的发展也是没有好处的。

美国钢铁大王卡内基，在业内是以重用比自己强的人而著名的，就连他的墓碑上都刻着："一位知道选用比他本人能力更强的人来为他工作的人安息在这里。"那么，重用比自己强的人有什么好处呢？

第一，遇到困境时，对方会协助自己摆脱困境。这点是显而易见的，在遇到问题时，如果作为管理者的我们不知所措，那么此时最需要的就是下属有效的意见或者是方法，此时，如果能有一名下属为自己出谋划策，问题自然能够迎刃而解。

第二，有利于自我提升。所谓"三人行必有我师"，每个人身上都有可取之处，作为管理者，下属身上肯定也有值得我们学习的地方，因此，这对个人发展是有好处的。

从另一个方面来看，领导者和员工的能力强弱是相对而言的，很难进行绝对的比较，对于管理者来讲，其对团队的整体把控能力是比较好的，而员工可能会在某个方面突显出超出管理者的能力。侧重点不同，能力强弱的对比结果就不同。因此，作为管理者根本没有必要担心员工会超过自己或者取代自己的位置。

在内蒙古一家建材公司遇到过这样的事情：建材公司的李总是一个性情比较豪放的人，在选市场部经理的时候，他选了一名南方人担任，这个南方人叫邹平，为人处世比较细腻，做事情甚至有些斤斤计较，在工作中心机也比较重。

当时，在选邹平做市场部经理时，很多人感到疑惑，因为李老板性格比较大气豪放，为什么会看上这个做事情斤斤计较的邹平呢？

我在和李总的一次交谈中提出了这个问题，他说道："我做事情比较急躁，不会算细账，邹平不一样，他做事情比较细致，在跟客户签协议的时候，会把一些隐性的成本计算进去，这样自然就弥补了我的不足。"

我接着问他，难道不怕邹平在他那里得到资源之后，另立门户吗？李总笑了笑说道："如果邹平能够拥有自己的公司，那证明是我培养出来的人才，我会感到很高兴；从另一方面来讲，工作心机重，并不代表着就是对企业不忠诚。既然选择用他，就不能武断地怀疑对方。"

的确，通过上面的案例发现，李老板就是在认清楚自己的缺点之后，选择了一个能够弥补自己缺点的员工。这不仅对整个团队的发展有利，对自身发展也是有好处的。

选择聘用比自己能力强的人，并不会影响到领导者在团队中的威信，反而会加大员工对管理者的信服程度。比如，管理者聘用了一名文采很好的文员做秘书，那么其他员工会认为只要自己某方面的能力超强，也会得到团队的重用，这对提高员工自我素质是有帮助的。毕竟领导者的价值不在于他的能力有多强，而在于能否任用和带领更多有能力的人，从而实现团队的目标。

下属都希望自己的能力能被管理者发现，从而得到重用，管理者应该具备发现比自己强的人的能力，同时学会重用对方，只有这样才能够达到团队能力整体提升的目的。当然，管理者不必担心员工能力强会顶替自己，占据自己的位置，这种担忧是没有必要的。毕竟，下属所应该拥有的是能力，而管理者的工作重心是如何带领好团队。

权力激励法，让员工不好意思失败

　　对于一个团队来讲，激励，是无法避免的管理手段。在员工激励方面，会有很多方法和手段，通过员工激励法，达到满足员工和限制员工的目的。当然，激励的方法有很多种，权力激励法也是其中一种，就是通过下放权力或者授权的方式激励员工，让员工达到一定的心理预期，让员工获得满足感。

　　对于整个团队来讲，权力是保证团队正常运行的一种手段。很多管理者不懂得如何来运用手中的权力，他们认为权力就是约束员工、督促员工，这样的思想是不全面的。要知道对于任何一个岗位来讲，都有其职责和权力所在。而对于员工来讲，他们需要一定的管理，管理就是权力的一种体现。管理者可以通过下放权力的方法，让员工获得一定的满足感和荣誉感，从而实现激励员工的目的。

　　在很多团队中，我们会发现一种现象，有的员工虽然薪资不高，但是在公司中会做很多事情，如果他的本职工作是 A，那么我们会发现他在做 A 类事情的同时，还会兼任 B 类工作，甚至还有 C 类工作。当我们质疑他的薪资很高时，他甚至会将自己的工资单摆到我们面前，那为什么他会如此"卖命"地工作呢？权力，他得到了上级授予的权力，而这种权力可以支撑他内心的所需。那么这种权力激励法的具体表现有哪些呢？

　　首先，权力不一定是实实在在的，很可能是一种荣誉。在很多时候我们经常会看到某个公司会任用一名看似"无用"之人，他在岗位中可能起不到多少作用，但是他自身的人脉价值就足以让其获得相应的报酬，在此时，他会得到管理者的一些授权，而这些授权往往是荣誉。这样的人只要在团队中发挥某一方面的作用即可，而这方面往往是生死攸关的。这种荣誉的授予，也能起到激励员工的目的，当然这种方式不适用于一般的员工。

　　其次，授予某方面的权力，要比全面授权更有影响力。对于企业来讲，某方面的权力的下放往往能够起到激励人心的作用。比如，当我们发现团队中某个人的驾驶技术很高，并且为人比较灵活时，就可以将司机的权力下放给他，即可以在部门用车时，让他开车出去，不必司机跟随等，这样的行为，对方可能会觉得是受到了上司的重视。如果进行全面授权，所有部门用车时，都可以找他来代替司机外出，那么这名员工可能会觉得很不情愿，甚至会主动找到领导要求调高薪资。

　　最后，同一种权力不可重复下放给同级别同部门的人。对于同样一种权力，在面对同一个部门同一个职级的员工时，不可同时下放给不同的人。比如，在销售部门有五名销售员，而其中业绩突出的有两名，作为销售部负责人，为了表示对其二人的嘉奖，便将团队中的销售签约权下放给这两个人。如果这样做，不仅不会起到激励员工的目的，还不利于团队团结。

　　在整个管理的过程中，运用权力激励法来带动员工的工作积极性，提升员工的工作效率，避免员工出错，也是一种可行的办法。在真正执行的过程中，权力激励法究竟有何好处呢？

第一，让下属获得荣誉感和满足感。对于每个人来讲，对权力或多或少都会有一定的需求，而在工作中，获得上级给予的权力，本身就是领导对自身价值的一种肯定。员工会认为自己获得了领导的赞许和认可，便会更加积极和主动地去工作，在工作的过程中也会更加认真和负责。

第二，让下属感受到被信任。获得领导的信任是每一名员工的愿望，在工作过程中，当领导信任下属时，才会主动地将权力下放。因此，当员工感受到领导的信任时，也才会更加愿意去配合上级工作，才会更加主动地去完成工作。

第三，这是提升下属管理能力的一种体现。一些管理权力的下放，有助于提升员工的管理能力，同时也有助于提升整个团队的协作能力。

在美国一家婴幼儿食品企业，流传着这样一句口号："只要你敢付出真心，我就敢赋予你权力。"在这家企业，每个部门的负责人都是从一线员工做起来的，就拿财务部部长卡尔来讲，他在刚进入这家企业的时候，职务是一名小出纳。

在卡尔从事收纳两年的时间内，他不曾犯过一次错，一方面是他知道自己犯错就意味着给企业造成最直接的金钱损失，而最重要的原因是他觉得自己没有资格犯错。"我的领导对我很关照，他在我通过试用期之后，就将整个企业的现金流交到我的手上，由我统一管理，他这么信任我，我怎么能辜负他对我的信任呢？"卡尔在做出纳的两年时间内，他经常会这样对同事讲。

在卡尔进入这家企业 5 年之后，他成了整个企业财务部的总负责人："在这家企业，没有任何一名部门负责人是'空降兵'，他们都是一步一步晋升，成为部门负责人的。"

通过卡尔的案例，我们不难看出，他之所以在担任出纳期间，能够做到"零"出错率，恐怕离不开企业的这种权力激励方式，在卡尔看来，领导敢于将如此重大的权力下放给自己，就表明领导是如此信任他，而出于领导的信任，他就没有资格对这份职业不负责，也就没有资格犯错。

优秀的管理者不是在员工出错之后进行严厉的处罚，而是想办法让员工避免出错，耻于犯错，而通过权力激励员工的方式便能够达到这样的效果，所以，管理者不妨根据团队的实际情况和人员特点，适当运用权力激励法，从而减少团队的出错率，提升团队的工作效率。

不要让助手变成对手

当今社会，市场竞争如此激烈，作为团队的领导者，不仅要应对外来的竞争对手的厮杀，更要应对内部的一些关系纷争。很多管理者都深有体会，所谓"外敌不可怕，内斗才恐怖"。但是很多管理者往往会将主要精力放在应对"外敌"之上，反而忽略了内部管理的建设，这往往也是团队走向失败的关键因素之一。

所谓内部关系建设，就是在处理内部人员关系的过程中，要学会"圆滑"，圆滑并不意味着狡猾，同样，处理内部关系是需要多种手段的，而授权既是一种处理内部关系的方法，也是导致助手变成对手的原因之一。那么怎么避免因为授权不当，引起人员关系敌对化呢？

首先，意识到授权不当造成的危害。在整个团队中，每个权力的下放都应该是对人员进行全方面考虑之后，做出的人员选择，而不应该是根据个人喜好做出权力下放。权力下放不科学，往往会造成不平等的关系出现，也是一种不公平的外在体现。因此，要避免不合理的权力下放，就应该从工作出发，而不是从个人喜好出发，这点往往是很多管理者做不到的。

其次，从权力本身来讲，频繁变化往往是造成人员心中不平衡的原因所在。对于管理者来讲，一旦授权，就不要轻易变更被授权对象，否则会造成人员内心不平衡，从而引起员工的不满，影响整个团队的工作效率。

最后，不要随意变更权力范围。对于一个管理者来讲，一旦将某项权力授权给某个人，就要确定权力范围，不要随意扩大或缩小权力范围。

在南京一家物业公司进行培训时，我接触到一名姓郭的物业经理，郭经理说自己曾经带过一名徒弟，郭经理叫他小李。在小李刚进公司的时候，是刚从技校毕业，当时才 20 岁，可以说对职场还相当陌生。郭经理看小李为人诚恳，又比较老实，就特别喜欢将自己的所学和经验教给小李，逐渐地小李也真心将郭经理当成自己的老师了。

小李在这家物业公司工作一年多之后，对工作和业务都已经相当熟悉了，在一次主管选拔中，郭经理将小李提升为了部门主管，此时，郭经理还是出于对小李的工作表现的考虑。在小李升任主管之后，他开始变得有些高傲，工作中也开始偷奸耍滑，郭经理提醒过他不止一次。紧接着遇到的一件事情，让郭经理对小李彻底失望了。

当时的副经理姓刘，工作能力很强，为人比较耿直，看到员工工作不努力也会进行严肃的批评，可能正是这样的原因，很多员工都比较敬畏他，甚至有的员工会记恨他。小李正是抓住了部分员工的这点心思，开始怂恿一些员工故意不配合刘副经理的工作，甚至还在一次检查中，故意栽赃陷害刘副经理，目的就是为了赶走刘副经理，自己升任副经理。

郭经理看出了小李的把戏，当着众人的面责骂了小李，小李一气之下，辞职转投本地另一家物业公司，从此再也不和郭经理往来。

在郭经理对事情的整个描述过程中，似乎看不出郭经理有怎样的过错，我们不妨细细进行分析。经过分析，我们不难发现，郭经理在开始过于信任小李，只是从个人喜好出发，对小李进行权力激励。虽然郭经理希望升任小李为主管后，他能够更加积极地工作，但是结果却适得其反，这就是我们在运用权力激励法时，经常会犯的一项错误。

对于管理者来讲，通过权力激励员工是要达到提升员工工作积极性的目的，同时提升整个团队的工作效率，因此，要做到公平授权，合理授权，千万不要因为权力下放不合理，而影响到团队内部关系的建设。

授权给有影响力的人

　　无论在怎样的团队中，我们都会发现总有那么一个人或者几个人是具有影响力的，那么什么是影响力？所谓影响力，就是通过一种别人所乐于接受的方式，改变别人思想和能力的一种方式，这种方式能够在潜移默化中改变别人，甚至让别人跟从于影响力携带者。可见，影响力本身就是一种信号。

　　在选择授权对象方面，我们自然要选择具有影响力的人，即通过这个人来改变其他人的思想和能力，从而通过这种信号的传播来实现有效管理的目的。

　　对于影响力本身来讲，分为权力型和非权力型的，所谓权力型包括职位、习惯等方面；非权力型则是品质、品德、素质等方面组成的。在选择有影响力的人进行授权时，一定要考虑到多方面，不仅要从职位方面进行考虑和思量，更应该从对方的职业素养和品德修为方面进行参考。那么授权给有影响力的人，究竟有何好处呢？

　　首先，有利于团队优势的最大限度发挥。当一个有良好信誉的管理者管理团队时，整个团队肯定也是不会失信于客户的；当一个做事高效的管理者管理团队时，整个团队的工作效率肯定不会太低；当一个积极乐观的管理者带领团队时，在困境中整个团队也会充满斗志。因此，具有影响力的人往往能够将自身优势传递给他人，从而让整个团队更有优势。

其次，影响力具有一定的号召能力，选择有影响力的人往往能够号召员工向有利的方面发展。俗话说"虎将带不出熊兵"，意思就是有能力的将领，带领的士兵也是善于作战的。同样，号召力强的人也会影响到整个团队的号召力。

最后，授权给有影响力的人有利于权力的顺利实行，同时也有益于责任划分。对于一个团队来讲，有影响力的人下发的命令，往往能够被重视和接受，这样有助于工作的展开。

广州某手机制造商在国内是享有盛誉的，其董事长姓王。王总是一名比较善于授权的人，在2003年的时候，在他的管理团队中，有一名形象比较好的高才生管理人员，其工作能力很强，并且做事果断，主要负责公司的产品发布工作。为了能够打开广州市场，并且在国内有一定的知名度，王总决定将这位高才生管理人员定为广州区的总经理，主要负责新产品的推广与发布工作。

这位高才生管理层利用其专业素养和较强的工作能力，用了短短3个月时间，就在广州当地打开了市场，新产品的市场占有率在6个月的时候，就已经达到了30%。

在他领导的团队中，每个人做事情都有一个特点——果断，就连他的文秘，在接到指令后，无论在做什么，都会第一时间将指令传达给相关人员。或许正是这种果断，成就了这家手机制造企业在广州的市场占有率。

通过这个案例不难看出，有影响力的人会将自身优势传染给团队中的成员。将权力授权给有影响力的人，就意味着希望通过其个人魅力来达到号召团队的目的，因此，对于被授权对象也是有一定的要求的：

第一，有影响力的人需要学会不断提升自我。作为管理者要清楚，无论是谁都要懂得提升自我，通过自己的不断学习，从而达到扩大影响力的目的。第二，要通过影响力来管理团队，达到团队效率的提高。对于很多人来讲，进行授权的目的无非就是希望提升团队协作能力，而授权对象必须是一个能够达到提升团队效率目的的人。

有影响力的人可能是一名公众人物，比如很多企业都会选择一名公众人物为自己企业的产品做代言，这样做的目的就是为了通过公众人物的影响力来促进产品的销售。对于团队管理也是如此，选择一名有影响力的管理者为自己的团队"代言"，势必会成就团队，会促使团队效率提升。

"权"与"利"，可以齐头并进

　　"权利"一词在古代汉语里很早就有了，但多是消极的或贬义的。对于企业管理来讲，"权"与"利"也是不可避免的话题。在一个团队中，有人看重"权"，有人看重"利"，只要能够通过"授权"或者"授利"的方式来实现团队协作，那就是成功的管理实践。

　　作为企业的管理者，在决定授权之前，一定要考虑清楚以下几方面：

　　首先，授权要达到怎样的效果。对于一个团队来讲，进行授权或者是"授利"究竟想要达到怎样的效果。比如将招聘的权力下放给招聘专员，希望达到迅速进人的目的；将车辆使用签批的权力下放给行政专员，从而达到在紧急用车时，可以迅速拿到车钥匙的目的等。任何一种权力的下放都是要有其目的性的，因此，管理者要注重权力的下放目的。

　　其次，权与利如何做到平衡。在很多时候，权与利是分不开的，所谓"有权就有利"，那么怎样做到权与利的平衡下放呢？对于同一个职位的员工来讲，需要享受同样的权和利，当同等职位的员工群体出现"特权人士"时，就会出现权与利的不平衡。因此，在很多时候，我们需要做的就是将权与利嫁接在公平原则之上，只有这样才能实现权与利的同步。

　　最后，无论是下放权还是利，都要有"节制"的措施。所谓节制，就是指有管控的方法，没有无法无天的权，也没有肆意妄为的利，在对权与利进行下放的时候，先要准备好一套完整的、合理的管控方案，这样做不是因为怀疑别人，而是为了避免出现"公权私用"和"唯利是图"的情况。那么究竟可以通过哪些方式对下放的权与利进行管控呢？

第一，通过完善的管理制度来实现。一个成熟的公司会有一套成熟的管理制度，而这套管理制度中势必会包括针对下放权力的约束因素。

第二，用企业文化来感染被授权者、被授利者。一个健全的公司会有属于自己的企业文化，而企业文化都是积极向上，充满正能量的，运用企业文化的渲染和传播来感染对方，在对方的心中种下一颗充满正能量的种子，这样也能够达到制约对方的目的。

一项权力之所以成立，是为了保护某种利益，是由于利在其中。如果一项权，体现不出利或者无利可图，那么这项权在下放和操作的过程中，会影响到权的现实作用。由此可见，在下放权力面前，要给予一定的"利"，将"利"作为一种手段，促使权的实施。

上海一家文化传媒公司，为了激励团队员工，公司王总实行流程管理制。在市场营销部门签约合同的过程中，流程编辑便要负责跟进合同，在合同签订之后，需要跟进出版物设计、采编等一系列的工作，一直到产品印刷，送到客户手中，在这个过程中，流程编辑有协调各部门参与的权力。在整个流程完成之后，流程编辑除了基本报酬之外，还会有流程服务费用。

对于这种经营模式，公司的员工都很认可，很多流程编辑会主动要求加班，工作加量。

111

通过以上的例子可以看出，权与利完全可以齐头并进，这样做不仅能够提升团队整体的工作效率，对公司的发展也是有利的，从另一方面来讲，也是节约人力资源的一种表现。

作为管理者在权与利齐头并进的运用之后，团队会有怎样的效果呢？

首先，团队的整体协作能力会明显提高。对于任何一个团队，协作能力决定团队是否具有竞争力，一个协作能力强的团队往往能够具备较强的竞争能力，就如同接力赛跑一样，构成每个赛段的运动员的奔跑速度很快，同时相互之间传递接力棒又很默契，只有具备这两点才能取胜。

其次，团队具有很强的凝聚力。团队中的每个人都会觉得自己不是在为团队工作，而是在为自己工作，凝聚力必然是很强的。

最后，团队具有积极性和竞争力。当每个人都充满斗志的时候，整个团队表现出来的肯定也是具有竞争力的。

一名聪明的管理者会将权与利相结合，从而促使员工实现自我管理。当权与利分离，就很容易出现"权不能施展"的情况，因此，让权与利齐头并进，实现有效放权，有效"授利"，才能最终实现有效管理。

第五章　不做甩手掌柜，该管还要管

对于任何一个团队来讲，授权之后必然需要一套监管措施，而这种监管措施必须是贴合团队实际情况的，否则是起不到监管的作用的。

抓大放小，抓急放缓

在很多企业中，我们经常会看到一个忙碌的身影，无论是团队中的大事还是小事，是着急的事还是不急迫的工作，我们都会看到他，他就是团队的领导者，面对这样的"忙碌型"管理者，员工不一定会觉得工作开心，因为在管理者事事都要参与的时候，员工内心往往是紧张的。

从另一个侧面来讲，这种不懂得放权的管理者多半害怕将事情安排给下属负责，他害怕自己的自我价值变小。聪明的管理者是一个善于抓住主要事情处理的人，他们会将小事情分配给下属，将精力花费在大事情上，对于急迫的事情，他们可能会"亲自操刀"，对于不着急的事情，也会分配给下属去完成。

那么什么样的工作算是大事、急事呢？

第一，事关团队目标能否实现的工作。对于一个团队来讲，其最终目标肯定是实现某项价值。在面对价值能否实现的关键事情上，管理者要花费精力亲自督导完成。例如在一个大型游戏的开发团队中，整个团队的目标就是游戏开发成功，并给团队带来可观的经济利益。管理者可以对游戏开发的细节不关注，让游戏开发团队人员负责，但是作为管理者一定要关注游戏整体的合规性和面世之后宣传的影响力。

第二，员工难以解决的问题。对于很多团队成员来讲，他们多半只是熟悉工作中的某个部分的业务，对整个团队的工作状态不够熟悉，因此，在工作过程中，难免会遇到一些难题或面临困境。当员工向管理者求助的时候，作为领导者有责任帮助员工去解决问题。比如当员工因为某个程序无法完成新项目研发的时候，他需要寻求外援支持，此时，作为管理者应该视事情的严重程度，尽快寻求到好的解决办法。

第三，遇到难得一遇的机会时，作为管理者要投入大量的精力，把握住发展的时机。在机遇面前，团队领导者必须亲自上阵，保证不错失时机。在涉及团队发展的关键时期，领导者应该首选去完成这项工作。例如某房地产开发企业决心抓住石家庄市高新开发区十三号地块开发建设的时机，从而打开石家庄的房地产市场，公司面对如此重大的事情，管理者必须亲自主持和指挥。

人的精力都是有限的，不可能事事兼顾。管理者做事情要学会看大原则，即每天上班之后，先做最重要最急迫的事情。虽然提倡"今日事，今日毕"，但是事情是处理不完的，每天的工作时间是有限的，因此，要学会找重要的、急迫的事情去做，将不急迫、不重要的事情下放给下属，让下属去负责。

京东，一个在国内无人不知的企业。现如今，京东拥有超过七万的员工，业务线条更是不下十个。庞大的公司究竟要如何管理？不同的公司拥有着不同的管理方式，对于刘强东来讲，如何能够做到将七万多人的团队管理得如此到位，这恐怕离不开他个人的管理艺术了。

刘强东说，所有的失败归根到底都是人的失败。刘强东很清楚管理一家如此庞大的公司，会有两个最重要的权力，一个是人事权，一个是财权，即管人和管钱。

1998年6月18日，刘强东在中关村创办京东公司，代理销售光磁产品，并担任总经理一职，2010年销售额已突破百亿。京东之所以能够发展得如此迅速，离不开他的"抓大放小"的管理艺术。

刘强东在接受采访时，说道："作为一家高速增长的公司，外界常常觉得我们会因为发展速度而'疲于奔命'。但实际上，如果问我京东运营体系中哪里最让我'疲于奔命'，一刻也不敢放松，那就是培养团队。"

在刘强东的管理过程中，他认为培养团队是十分重要的事情，在京东创业之初，培养团队也是最为急迫的事情，当初为了能够组建一支高效、高能的团队，刘强东可谓是煞费苦心。刘强东曾经说过，如果有一天京东失败了，不是市场原因造成的，不是京东的竞争对手造成的，也不是投资人的原因，一定是整个团队出了问题。

通过刘强东的话语不难看出，他将团队的培养作为自己的工作重点。对于管理者应该认清楚何为工作重点，何为工作要点。那么，在放权的过程中，如何做到抓大放小、抓急放缓的呢？

首先，选择值得信赖的人负责一些小事。在选择授权对象的时候，一定要选择可以信赖的员工，同样，一旦选择了可以信赖的人，就不要怀疑对方，做到"用人不疑，疑人不用"。只有这样，我们才能更好地实现自己的管理目的。

其次，授权要有侧重。对于一线员工，授权的范围仅限于他们熟悉的业务之内，对于他们不熟悉的或者说不够熟悉的事情，不要过多授权。同样，对于管理层来讲，授权要有侧重面，同一线条的要授权给相应的负责人。

最后，不要将下放的权力随意收回。对于授权对象来讲，得到领导的授权就意味着得到了对方的信任，如果随意被收回，则意味着可能会打消他的工作积极性。

管理者要讲究管理艺术，就要意识到授权的重要性，不可所有的事情都管，也不可都不管。聪明的管理者明白何为工作重点，在不同的工作阶段，会有不同的工作重点，因此，要学会在不同阶段把握不同的工作重心，从而实现团队的有效管理。

权力要合理监管

在中国餐饮行业，海底捞不得不被称之为传奇。从1994年至今，20多年的时间里，海底捞以其独特的经营理念和服务迅速崛起。现如今，在中国几乎无人不知海底捞。海底捞在全球也已经开了上百家直营连锁店铺，创造出"夏天排队吃火锅"的奇观。现在一提到海底捞，恐怕就会让人联想到它周到的服务，甚至可以说是"变态"的服务。

餐饮业研究者曾经对海底捞进行了专门的研究，发现海底捞人均消费为60元至80元，而一般火锅店人均消费仅为40元，虽然其价格要比同级别的火锅店高一些，但是却仍然能够吸引很多顾客来店消费。更让研究者感到诧异的是在海底捞，一名普通的服务员就能够拥有赠送饮料、菜品，为客人打折甚至免单的权力。很多国外研究者甚至会认为这是一种"大胆的怪状"，他们简直不敢相信，一名小小的服务员竟然会有如此大的权力，可以私自给客户加菜和免单。然而即便如此，海底捞的年收入也在不断攀升。

曾经有人质疑海底捞的创始人张勇，将为顾客打折、赠送菜品等权力下放给服务员是不是太过大胆和冒险，张勇自然有自己的一套管控措施。有人说海底捞会有一套考核利润的方法来对权力进行管控，其实不然。

海底捞从来不考核利润指标，也不考核单客消费额等。那么怎么通过考核来约束员工的权力呢？在海底捞，考核一定是深入到现场实际服务过程中，在对客方面进行考核。一个员工或者一个门店做得到不到位，权力是否应用得当，是通过顾客满意度来体现的。

当然，海底捞的管理者对自己的员工是十分信任的，在管理过程中，他们注重员工的满意度，他们相信只有当员工满意度得到提升的同时，顾客满意度才能提升。

对于海底捞来讲，他们会通过考核来关注服务员的服务品质和监管权力的实施情况。这种考核方式无论对与错，对海底捞来讲都是可行的。对于任何一个团队来讲，授权之后必然需要一套监管措施，而这种监管措施必须是贴合团队实际情况的，否则就达不到监管的作用。

聪明的管理者会通过下放权力的方式来调动员工的工作积极性，同时，也会运用合理的监管措施来监督权力的实施，保证权力不乱用，权力合理用，从而促进团队的协作和发展。

对于一个企业来讲，每个权力都应该有相应的制约方式，我们将这些方式统一称作监管措施。权力一旦下放，对于被授权者来讲就是一种挑战，而对于团队来讲，这也是需要适应的。

作为团队的管理者，要放权但绝对不是做甩手掌柜，对于下放的权力，而是通过对权力的平衡做到团队资源的优化配置。比如对于一个研发团队来讲，技术层面的事情肯定需要专业的研发设计师进行操作和管控，而非技术层面的事情，例如整个研发团队的管理以及研发进度把控，就需要研发部负责人来把握了，如果将两者的功能进行对调，可想而知，最终的结果肯定是令人失望的。

对于下放的权力，究竟要不要管控，怎样管控，这恐怕是很多管理者都感到困惑的事情。

在与国内某化妆品品牌老总的交谈过程中，他就问过我这样的问题："在我们企业，我不想'多管闲事'，但是不管又不行，因为我将权力给了下属，不出 3 个月，这些下属肯定会做出不利于公司发展的事情。"他举例说："曾经我将与小型开发商签订协议价格的权力给了销售业务人员，但是业务人员为了达到压低价格，增加自己提成空间的目的，竟然私自与供货商商定，帮供货商要到公司产品的内部价，然后以协议价的价格给到供货商，而销售员赚取了协议价与内部价的差价。"面对如此情况，他不得不收回下放的权力，选择事事自己做主。

对于放权之后，下属不能很好地利用权力为团队服务的情况，归根结底是因为团队对权力没有一个合理有效的监管措施。所谓合理的监管措施，就是通过某种方式，对下放的权力形成一种制约，而这种制约不仅不会损害权力的实施，反而当权力在制约范围之内实施时，更能够提升团队的工作效率。那么，应该从哪几方面对下放的权力进行监管呢？我当时给这位老总的建议是：

首先，建立监管制度。每个企业都会有自己的一套制度，或者说是行为规范。比如在财务部门，会形成财务报销制度、廉政公约等，这些制度就是一种监管手段，且通过这种制度的规范能够达到很好的监管效果。在运用制度进行监管的时候，应该注意制度的合理性和实践性，要根据团队的实际情况进行制度的建立，同样，制度一旦实施，就必须做到人人遵守，不允许"特例"出现，只有这样才能做到监管有效，监管合理。

其次，形成部门与部门之间的监管。企业的不同部门之间通过培训进行相互业务或者是操作流程规范的了解，从而达到相互监管的目的。比如一些酒店会安排培训师对不同业务部门进行交叉培训，让餐饮部了解客房部的行为准则和操作规范，同样让客房部了解餐饮部的服务准则和标准。这样一来，两个部门便可以进行相互监督。

最后，设立专门的监管部门。一些大型的企业往往会在企业内部设立专业的监管部门，目的就是为了更好地监管权力的实施，从而达到提升品质的目的。当然，这种做法对一般的小型团队来讲是不切合实际的。

无论选择怎样的监管措施，都意味着管理者要对下放的权力进行管控，而这种管控不能太严太紧，也不能不管不问。换句话说，对于下放的权力管理过严，会引起被授权者的反感，甚至会打消被授权者的工作积极性，但是如果不进行监管，那么权力"无边界"，想做什么便可做什么，想怎么做就能怎么做，对于团队来讲也是一种不负责的表现。

刚柔并济
——柔性管理是人本管理的核心

海尔集团创业于 1984 年，可以称之为全球大型家电的第一品牌。众所周知，在海尔的发展历程中，它始终坚持以用户需求为中心的创新体系。海尔的核心文化就是创新，在海尔工作的员工普遍认同，主动参与就是海尔的文化特色。

管理界都听说过海尔通过搭建赛马场的方式，来为每个员工营造创新的空间，使每个员工成为自主创新的 SBU 的管理方式。在开始的时候，海尔通过硬性管理让员工将事情做好，因此有了著名的"砸冰箱"事件，之后海尔逐渐变成了激发人自觉、主动发挥积极性和创造性的柔性管理，这让海尔的每名员工都有了自我经营的创新空间，为员工提供了自我创新的机会和平台。

对于当今的企业来讲，要实现柔性管理就必须要做到"以人为本"，所谓"以人为本"就是无论是从员工的工作环境还是工作内容上，都能让员工感觉到满足。首先，从员工的工作环境来讲，要尽量提供给员工优良的工作环境，工作环境极差，势必和不利于员工的稳定达不到员工的满意。其次，要让员工感受到被尊重，这一点很重要，虽然员工工作是为了获得劳动报酬，但绝不等于在地位上低于某个领导者。最后，要让员工感受到人文关怀，员工要对企业产生感情，势必要求企业对员工充满感情，在员工需要帮助的时候，企业能够给予一定的关怀和帮助，这势必会让员工对企业产生感激之情。

管理，从思想上来讲是一种哲学，从操作上来说则是一门艺术。作为管理者应该学会建立刚柔并济的管理方式，而这种管理方式的背后则需要我们先弄清楚什么是柔性管理，什么又是人本管理。

柔性管理，从本质上来讲是一种对"稳定和变化"进行管理的模式。这种管理模式是建立在思维方式变化的基础之上的，这种管理思维往往是比较活跃和具有跳跃性的，能够透过杂乱的现象表面，看到事物发展的实质和方向，识别潜在的未知的需要和市场。当然，这种管理模式属于一种新型的现代管理模式。

相对于柔性思维这种现代管理模式，我们必然会想到传统的管理方法。比如在工业时代，主要运用机器进行生产，而人力只是次要元素，从另一方面来讲，传统管理主要是发挥机器的效力，对于劳动者而言，没有明确的职业前景和舞台。

人本管理从字面意思可以看出，是一种以人为本的管理方式，其强调劳动者的价值，属于一种塑造管理型人才的管理追求。这种对"人"的重视，主要是因为进入知识经济时代之后，人们受到的教育水平不断提高，逐渐发现知识才是第一生产力，而机器处于次要地位。这种管理观念的提出不仅代表着人们道德水平的提升，更是时代发展的需要。但重视人的价值必然会受到人类情绪和情感等方面的因素的影响，因此，这就要求有一种更好的模式来进行管理。

通过对柔性管理的了解不难看出，柔性管理是人本管理的核心要求，也是人本管理得以实现的必然途径。提到柔性管理，我们通常会联想到两个字"温柔"，即在管理中加入情感、内在的一些思想，从而焕发人的内在动力，挖掘出人内隐的潜力。最终改变员工的工作思维，从"要我怎么干"变为"我要怎么干"，这样的思维转变不仅能够提高工作效率，还能够培养创新性思维。那么这种柔性管理究竟有何好处呢？

首先，能够激发员工的创造力。我们不妨对比一下，在工业时期，财富的主要来源是机器制造和对劳动者的极度压榨，而进入知识经济时代后，知识成为创造财富的来源。知识的存在形式就要求注入情感，从而促使人们在思想上达到一种共识，在员工的头脑中注入一些理念和技术理论，从而支撑员工自觉、自愿地将自己的知识和思维贡献给企业和团队。可想而知，单纯地通过硬性管理是不能实现这种效果的。

其次，能够适应瞬息万变的外部环境。在当今社会，市场竞争如此激烈，在面对如此激烈的市场竞争以及国际环境时，如果不能整合各类专业人员的智慧，出台适合当前的战略决策，实行职能的重新组合，那必然会受到外界因素和环境的冲击。只有让员工主动贡献出自己的脑力，实现"人尽其才"，才能够在激烈的竞争中立于不败之地。

最后，有利于团队协作最大化。在当今社会，人们的观念在不断变化，团队对于协作能力的要求在不断提升，一个团队如果没有一定的协作能力，那就如同散沙一般，是无法立足经济之林的。柔性管理能够让团队中的每个人发挥其自身的价值，将各自优点进行组合，从而形成一个强大的整体，这就是协作所带来的力量。

对于团队来讲，无论是通过刚柔并济的管理模式，还是人本管理模式，都是为了能够达到调动员工的积极性、主动性和创造性的目的，从而更好地服务于团队。在实际操作的过程中，每个管理者都要意识到柔性管理的重要性，不要总是疾言厉色地命令员工"你要怎么干"，不妨换一种方式，用温柔的语言来激发员工自身的斗志，让员工主动地说出"我要怎么做，我要把工作做好"，在这个思维转变的过程中，看到的是员工工作境界的提高。管理不一定是生硬的，也可以是温柔的，这就是管理格调转变的魅力所在。

该管不管，必然大乱

　　授权是一种帮助管理者集中精力做重要事情的手段，也是一种激发团队创造力的方法。将一些权力下放给下属，让下属拥有更多发挥主观能动性的机会，这本是没有错的。但是权力下放之后，并不意味着管理者可以不管不问，该管的事情还是要管，不然会出大乱子。

　　我们不妨回顾一下 1985 年海尔"砸冰箱"的故事。当时有员工反映厂子制造的冰箱质量不合格，作为海尔首席执行官的张瑞敏得知这一消息之后，立刻冲进仓库进行检查，最终发现竟然有 76 台冰箱是不合格产品。

　　面对数量如此之多的不合格产品，当时管理层开始讨论究竟要如何处理，有的干部提议将这些冰箱作为员工福利低价处理给本厂的员工。就在很多员工十分犹豫的时候，张瑞敏做出了一个大胆的决定：他将全厂员工集合到仓库，宣布将这 76 台冰箱当众全部砸掉，而且谁生产的谁来砸。

　　听到这个消息，许多老员工当场流泪了。要知道在当时海尔工厂正处在资金紧张的时期，企业连开工资都十分困难。况且，在那个物资紧缺的年代，家家户户有冰箱的都是极少数，更别说"正品"，很多老员工认为张瑞敏是在糟蹋东西，是"败家"的行为，甚至连当时的主管部门都觉得心疼。张瑞敏心里却十分明白，如果放任这些不合格产品的存在，就无法让员工意识到质量的重要性，尤其是在当时工厂经济效益不佳的情况下，更不能姑息不合格产品的存在，不然今天是76台不合格，以后就可能是760台，甚至更多。

张瑞敏一声令下，大锤一挥，只听仓库中传来了阵阵巨响。或许正是这么一砸，砸醒了全厂员工的质量意识，砸出了今天海尔享誉世界的声望。

海尔"砸冰箱"故事的背后，不仅仅是对质量的严格把关和对员工质量意识的看重，更重要的是作为企业管理者，能够在事情出现不好的苗头的时候，果断采取措施，扭转不利，将事情向好的方面进行引导。换句话说，对于下放的权力也是如此，在管理者发现权力使用不当，或者是出现"滥用"的情况时，管理者就要像张瑞敏一样，果断处理，不要犹犹豫豫，更不能置之不理。

作为一名管理者，对监管权力是否合理实施是有责任的，因此，在发现权力下放后使用不恰当时，应该"管一管"。那么究竟要如何管呢？

首先，对于原则性的问题，要直截了当地管理。什么是原则性的问题？其实，每个人都有自己的一套内在逻辑，人与人的观点之间也会存在巨大的差异，公众社会也会有公认的原则。对于企业来讲，原则无非就是团队公认的标准和制度，这种公认的原则可以是宣讲出来的，也可以是人们内心所遵从的职业道德。比如拿采购这份职业来讲，每个公司都会明文规定采购员要廉洁，不能"吃回扣"，如果管理者发现采购人员有类似的情况，那必然就要做出直截了当的决定。

在古时候，有一个船主，希望造一艘大船，可以乘风破浪，去深海打捞鱼虾，获得更好的收入。因此，他组织了一批工人选用木料准备开工。当天风和日丽，工人们也精挑细选木料，看了很多块木料，最终选了一块儿大小、质地都不错的，只是美中不足的是上面有一个虫蛀的小窟窿，这个窟窿很小，不仔细看根本看不出来。工人中的一个带头人决定，就拿这块儿制造大船就可以了。

工人们兴致勃勃地将木料抬到船主面前，船主开始很高兴，但当他发现那个小窟窿时，脸色一沉，对工人喊道："难道你们都想葬身大海吗？"工人们用不解的眼神看着船主，并且解释这块木料是多么的完美。船主接着说道："在几年前，有一艘比我们要造的船大十倍的船，在一夜之间葬身海里，原因就是他们的船板被虫蛀了，开始的时候只有一个小窟窿，逐渐窟窿越来越大，越来越多，在大风大浪面前，这艘船葬身大海了，当时船上除了满满的货物之外，还有二十几名船员。"工人们听完船主的讲述之后，都惊呆了，原来一个小小的蛀虫窟窿竟然会毁掉大船。随后工人们将有蛀虫的木料弃之一边，开始寻找新的木料，最终造出了一艘经得起大风大浪的木船。

其次，不好的苗头，要尽早扼杀。将错误扼杀在摇篮里，是所有管理者都希望做到的，但是真正能够做到的并不多。因为很多管理者在权力下放之后，对其不管不问，自然不会发现错误的滋生。在很多时候，当管理者发现下放的权力出现不妥时，不要等待事态扩大，更不要等到超出自己的掌控范围之后才突然觉醒，要能够及时发现错误，将错误定格在最小化，只有这样才能避免造成巨大的损失。

最后，该留情面时，适当留情面。对于被授权者来讲，在很多时候他们在工作中用权不当不是出于自己本心，此时，作为管理者要顾忌到他们的情面。当然，如果是公权私用，那么该如何处理就应该如何处理。

权力虽然可大可小，但是再小的权力如果使用不当，也会产生很严重的后果。如果一个文员在打印文件时，总是单面打印，一天多使用十张纸，那么一年下来就有三四千张纸浪费在她的手里。因此，作为管理者对该管的事情一定要管，要将错误扼杀在摇篮里，不要等到结果无法控制的时候，才意识到下放的权力没有管控，才想到该管的没有管。下放权力本身是为了提高工作效率，不要因为管理者的"懒惰"心理，造成整个团队的一片混乱。

该留之人要留，该换之人要换

人才是所有团队都渴望的，因为在当今社会，企业的竞争就是人才的竞争。任何一个企业要越做越强，都需要团队中的人才不断地注入能量。因此，管理者要具有识别人才的能力，同时，对于该留住的人才一定要留住，对于该"抛弃"的人，也不用舍不得。

权力在下放过程中，可能会出现一些误差。比如你认为某个人是管理型人才，可以对整个团队进行管理，但当权力下放，他成为被授权者之后，并不能起到管理的作用或者管理的效果不好。此时，作为管理者的你不妨进行反思，究竟是自己选错了人，还是自己下放错了权。一旦考虑清楚，该更换权力的时候更换权力，该换人的时候换人。

在企业管理中，对于下放的权力应该进行关注，如果权力使用不当，或者说被授权者不适合进行某项管理，此时，就应该及时更换被授权人。出现以下情况时，管理者就应该考虑更换被授权人了。

第一，犯了巨大决策性错误。这点尤其对于上市企业来讲很重要，比如选择的经理人在重大方案决策方面出错时，就意味着应该更换经理人了。

上海一家上市房地产企业，在重庆的分公司新任命了一名分公司总经理，负责开发重庆房地产。这名新上任的总经理在重庆的第一枪，便在开发区十二号地块投标事件上出错，因为对周边地块价格了解不深入，以及对当地经济发展水平了解不透彻，导致这次本应该能够中标的项目没有中标，造成重庆分公司要晚三个月启动项目开发的后果。这对于整个集团来讲，是一笔不小的损失，因此，在这种情况之下，总公司决定更换经理人。

第二，出现违法事项时，必须更换被授权人。对于这点来讲，是很多管理者能够做到的。比如在某集团下设分公司中，有一名分公司高管因为酒驾而导致公司车辆损坏，同时造成事故对方人员出现伤亡情况，这家集团当即决定更换被授权对象，撤销这名高管的职务。

第三，当被授权人的价值观与企业出现不符时，应该及时更换被授权人。对于一个企业来讲，企业文化往往是经过时间的考验，凝结下来的精华，不会因为某个人而改变，也不会因为某个事情而发生变化。因此，当被授权人的管理思想和企业文化不符，或者有悖于企业文化时，不妨选择更换被授权对象。

在企业管理过程中，对于下放权力的管控应该有一套措施，否则管理者很难在用权不当的开始就发现问题。在管理过程中，对于下放的权力应该学会积极主动地去了解。

康拉德·希尔顿是世界知名的旅馆业大亨，现如今，在全世界各大都市里，几乎都可见到希尔顿的连锁饭店。很多管理者都知道，希尔顿经营旅馆业的座右铭是："你今天对客人微笑了吗？"微笑一直都是希尔顿酒店对店员的要求。

在希尔顿酒店发生过一件这样的事情，一位新入职的员工在上班第一天发现整个酒店的人都在冲他微笑，唯独一个人没有，那个人便是他的直属上司史密斯。史密斯是酒店出了名的"冷脸"，由于他出色的工作能力，才得到了客房部主管的职位。

这名新店员在接受完培训之后，他要求自己能够笑对顾客，同时也要笑对酒店里的每个员工，他认为只有这样才能做到正能量的传递。这天他见到自己的上司史密斯，然后露出了热情的微笑，并主动跟他打招呼，没想到史密斯却还是冷冰冰的没有微笑，而紧接着的三天，这名新店员照旧微笑打招呼，史密斯仍然是冷冰冰的一张脸。这名新店员感到很沮丧，他怀疑是不是自己做得不够好，所以自己的上司才不对自己微笑，于是他将自己的困惑告诉了一名看似很普通的老头，老头劝说这名新员工，不要沮丧。

在这名新员工第 5 天走进酒店时，听前厅的礼宾员说史密斯被解雇了，他边疑惑边走进办公室，发现那位老头竟然坐在史密斯的位置上。原来这名老头是集团的一名股东，他对这名新员工说道："谢谢你告诉我，在我们的酒店里竟然有与酒店服务宗旨不符的人存在，如果不是你告诉我，或许会有更多的员工遭殃。"这名新员工露出愧疚的表情，老头看出了这名新员工的心思，接着说道："你没有必要感到愧疚，辞退史密斯不是因为你的话语，如果不是你告诉我，我也可能会从别的店员口中了解到，他的冷漠才是导致他离开的根本原因。"

通过这个例子不难看出，对于一个和酒店服务宗旨不相符的管理者来讲，他的一言一行都会影响到下属的工作状态，可能会给下属带来不必要的困惑。因此，作为高层管理者应该及时地更换被授权人，避免更严重的后果发生。

对于一个团队来讲，管理者要选择适合团队发展需要的人，同时，对那些与岗位要求不符的人进行淘汰，这种淘汰看似残酷，其实是一种对团队的负责。聪明的管理者从来不会对自己放手的权力不管不问，而是会选择合适的方法来对权力进行监督。

放权，不放权威

　　作为团队的管理人员，在工作中最希望看到的事情莫过于下属承认自己的地位，乐于接受自己的指令，并能遵照自己的指令去执行。在这样的过程中，所体现出来的就是管理者的领导权威。

　　那么究竟什么是权威呢？其实，权威是存在于正式组织内部的一种"秩序"。比如在企业中，如果领导者发出的指示下属能够主动执行，那么我们就说在下属身上体现了领导者的权威；同样的道理，如果下属违抗命令，不去执行，也就说明他否定了这种权威。由此可见，要想知道管理者是否具有权威，下属是否接受其指令就是检验标准。

　　在企业管理中，之所以有的管理者不能在团队内部树立权威，就是因为他们不能建立起体现权威的"秩序"。当团队中的多数人感到指令或者某种制度不利于或有悖于团队利益或者是个人利益时，他们就会撤回对管理者的支持，在这个时候，管理者的权威便荡然无存了。

　　我们以《三国演义》中的刘备为例子，很多人都会感到疑惑，为何刘备论谋略不及诸葛亮，论武功不及关羽，但刘备却能够成为他们的统领，三分天下有其一呢？如果说刘备是因为为人厚道，那在三国中，比他厚道之人比比皆是，如果说他为人亲和，比他更亲和的人也不在少数。最终我们会发现是他"皇叔"的身份，即血统使他获得了正当性，才让他得到了众将领的支持。"名不正，则言不顺；言不顺，则事不成"说的就是这个意思。

在企业管理之中，不难发现管理者的权威也存在类似的问题。管理者的权力可以是正式的任命书，也可能是来自于领导的指派。而权威很多时候除了受到权力本身的影响之外，还会受到管理者素质和能力的影响。

现今社会，不少管理者喜欢在下属面前标榜自己，其目的是想在下属面前树立一个高大、辉煌、正面的形象，这样做本是无可厚非的，但是重要的是管理者如何去维护自己的高大形象。其实，这种对自己形象的维护也就是对自己尊严的维护，同样也是对自己权威的一种维护。

在管理过程中，我们经常会听到关于气场的话题，即管理者要有强大的气场，这说的就是管理者的权威所在。那么管理者该如何维护自己的权威呢？

首先，下指令不能朝令夕改。对于自己下的命令，绝不能随意改变。要知道下命令的目的是什么，下命令绝对不是为了显示自己的权威，而是为了让下属按照命令去执行，从而完成工作，所以是开不得半点玩笑的。要知道朝令夕改是管理者下命令的大忌，这样做很容易将自己的形象毁于一旦。即便以后再下命令，员工也会心存不定，甚至在工作中会变得迟疑，最后影响工作进程。

其次，绝不轻易许诺。作为一名管理者，你所代表的不仅仅是你自己，甚至还会代表公司的形象，尤其是在对员工承诺的方面，不要随口而谈，想说什么便说什么。因为在普通员工心中，自己的上司是具有权威的，他说的话是有分量的，尤其是上级的诺言，更会成为员工的一种寄托。如果主管拿许诺来跟员工开玩笑，在精神上无疑是对下属的一种伤害。因此，管理者要控制好自己的"嘴"，不要想什么说什么，更不要说自己都不清楚的事情。当然，一个诚信的领导者才能够获得员工的信赖，说话不算数的领导什么时候都不能获得员工的尊重。

再者，绝不夸夸其谈。管理者要想在下属面前树立威信，最主要的是得到下属的"心"，即要让员工对自己服从，不仅要口服，还要做到心服。如何做到这一点呢？最重要的一点就是绝对不要在员工面前夸夸其谈。无论是处理任何事情，都要学会用事实说话，这是最好的办法。对任何事情的评判都要做到有理有据，绝对不能信口开河，要做到对事不对人，只有做到公平，才能让员工对你产生敬意，要知道敬意是组成威信的关键因素。

最后，管理者要注意自己的行为。管理者在员工心目中起着表率作用，因此，在管理过程中，领导者一定要注意自己的言谈举止，甚至是一言一行。

我曾经做过一项这样的调查：某个酒店每周一都会有一个升旗仪式，在仪式结束之后，各部门的管理人员会带队伍从员工通道返回，原则上不用从大堂返回各自的办公区域。在开始的两次，部门领导者也从员工通道返回办公区，而从第三次开始，各部门领导开始从大堂返回办公区域，员工则从员工通道返回，此时，整个队伍中议论纷纷，议论的重点就是："为什么经理们可以走正门？""难道这就是倡导的人人平等吗？"第四次升旗仪式结束之后，部分员工也开始从大堂直接进入办公区域，而在第五次升旗仪式结束之后，大部分员工都不再从员工通道回到办公区域了。

由此可见，领导者往往是员工心目中的榜样，员工会参照领导者的一言一行来进行工作。因此，管理者要树立自己的权威，就要做到注意自己的言行。

　　作为企业的领导者可以下放权力，但是自己的权威却不能丢失。权力并不是组成权威的全部，同时，一个有权威的领导者没有必要将所有权力都掌握在自己手中。要树立权威，就要从多方面加以"修炼"，比如自己的言谈举止、自身修养，又比如自己的知识结构、工作能力等。树立权威才能保证自己下达的命令得到执行，同时也才能保证整个团队的工作效率得到提高。管理者不要以避免权威荡然无存为由而拒绝下放权力，更不要忽视下属的感受，否则权威也是很难树立的。

科学运筹，适当的时候要集权

集权指的是决策权力和行动要保留到最高管理者身上，在团队管理中，是最高管理者集中掌握决策的一种手段。集权和分权是相对而言的。当然，管理者选择集权，并非一无是处，同样需要结合团队的实际情况，进行合理安排，科学运筹。

对于一个团队来讲，当其发展到一定规模之后，势必会面临分权还是集权的问题，在处理这个问题之前，作为企业管理者要明白集权的优点有哪些？

首先，集权能够最大限度地达到政令合一，做到标准一致，便于统筹全局。这点从一些大型集团的管理中很容易发现，整个集团中，无论是哪个分公司，一些制度的标准都是一致的，比如用人制度，薪酬制度等，只要是集团下设的分公司，其政令统一比较容易达到。同样，建立的统一标准能够得到重视，并在子公司内进行运用。

其次，方便指挥，命令容易层层下达。在集权的团队中，只要是管理层上级下达的命令，往往能够按照一条直线式的轨迹进行命令的下达，从而便于命令的贯彻和实施。比如有些大型的上市企业，下属很多子公司，为了方便对子公司进行管理，集团内部会建立一个线上系统，专门用于公文的发布和命令的下达，这样做是有利于管理者对命令的传达的。

再者，有利于形成统一的企业形象。在一个企业内，要形成统一的企业形象是十分有必要的，尤其是对于大型的企业来讲，企业形象不统一或者是标准不统一，都会影响到企业的产品宣传和业绩。因此，当集权做到位时，有利于建设统一的企业形象，从而更容易被外界知晓。

最后，容易形成排山倒海的气势。这点不难理解，一旦权力集中实施，往往能够带来 1+1 > 2 的效果。尤其是对于一个新成立的企业来讲，更是如此。

当然，团队将权力集中，有利于集中力量来完成某件重要的工作，尤其是在团队陷入困境时，更容易集中力量摆脱困境，实现转危为安。

在北京周边有一家比较大的印刷公司，主要与各大银行进行合作，为银行印刷各种单据和凭证。这家公司是在 1998 年成立的，因为其起步早，再加上业务范围比较广泛，在 2012 年的时候，这家公司旗下又新建了地产开发的分公司，但是由于管理者对地产开发了解不多，再加上业务上的不熟练，造成了在新公司成立不到一年的时间，就亏损了将近一千万。眼看如此下去，这家刚成立不久的地产公司就要倒闭，公司的总经理马某便决定将权力集中管理，不再单独对地产公司设立管理线条，在财务方面也是如此，他将子公司的财务汇总到一起，从而帮助地产公司渡过难关。

经过半年多的管理与运作，这家地产公司终于在保定地区顺利拿地，开始走上了正常的发展道路。

不得不说，在帮助企业渡过难关的方面，集权管理是有一定优势的，但是集权过程中，也应该遵循以下几方面的要求：

　　第一，集权不等于过分集中。所谓吃大锅饭不利于提高效率，将权力集中管理，并不是为了将下放的权力全面收回，全部归最高领导者直接掌控，而是在重大问题或者是关键时期，进行权力的上交，从而达到集中力量，渡过关键期的目的。在这点上，管理者要把握好分寸，千万不可将权力过分集中，这样做只会造成人员流失。

　　第二，集权离不开合理运筹。所谓合理运筹就是在适当的时候，进行有效管理的一种手段。在团队中，在必要的时候要进行集权，但是并不意味着集权就是百分百正确的。对于一些企业来讲，将权力下放，才能达到带领团队突破困境的目的，而并非一遇到困境就必须集权来处理。

　　大众汽车被世人知晓，恐怕离不开大众 CEO 兼董事长费迪南德·皮耶希在任时期的领导。他倾向于将管理权力牢牢掌控在自己手中，为了达到集权的目的，他逐步整合起大众集团麾下 12 大品牌，从而建立了一座中央集权式的汽车帝国。

　　对于他的领导风格，业界可以说无人不知，他以强势著称，曾被德国媒体称为"族长"，由此可见大众更像是皮耶希亲手打造的一个家族式企业。即便是皮耶希到达退休的年龄之后，他并没有选择放弃这种管理模式，而是选择依靠亲信来按照自己的模式完成管理。暂且不论这种管理模式是对是错，单凭借皮耶希的领导，让大众被世人知晓，这就足以证明集权带给大众多大的好处。

　　对于一个团队来讲，在不同的发展阶段可以选择不同的经营模式，虽然，权力下放往往能够达到提高团队工作效率的目的，但前提必须是合理地进行权力的安排和管理，否则便会给团队带来不小的伤害。从另一方面来讲，如果在团队发展的关键时期或者是陷入困境时，选择将下放的权力集中管理，往往能够增加团队的凝聚力，同时将力量合并，从而发力，这样不仅有利于团队摆脱困境，也有助于增强团队员工的信心，帮助团队渡过发展的关键期。可见，无论是集权还是下放权力，都要掌握一定的度，或者说要根据团队的实际情况来进行选择，没有一成不变的管理模式，也没有一成不变的管理措施，只要合理科学，适合团队发展，那么就能够达到管理者想要达到的效果。从这点来讲，科学的管理能力往往是评价管理者的关键所在。

合理用权，管理如行云流水

一名优秀的管理者，首先要做到的就是善于自我管理，不断提升自身的修养与工作能力。与此同时，检验一名管理者是否合格，也要从合理使用权力方面进行参照。

真正的管理者必然是善于分配权力的，懂得用权之道。在管理过程中，聪明的管理者善于使用灵活的工作方法来激发员工的创造力，激励员工主动思考，使员工能够在各自的工作岗位上各尽其职、大胆尝试、不受任何思想的制约。

管理者要做到合理用权，就必然要学会"化人智为己智，化人力为己力"。能够将每个人身上的优点充分利用并且促使优点发挥到实处，从而将管理资本恰到好处地利用起来，激发整个团队的协作能力和创造能力，不断提升工作效率。

合理用权自然离不开管理者的合理授权，当权力下放给员工时，员工会感觉到来自上级的肯定和鼓励，从而能够更大胆地去施展拳脚，推进工作。同样管理者在用权的过程中，也应该注意以下几个方面：

首先，将权力用在该用之处，不要滥用权力。对于一个人事总监来讲，手中掌握着进人、出人的权力，而对手中的权力，人事总监看到有适合的岗位、适合的人时，要积极地引荐，不要根据个人喜好来掌握别人求职的命运。

一家旅游公司，其人事总监姓孙，因为业务开拓部门需要招聘大量的新员工，所以孙总监每天的任务除了搜索简历之外，还要进行人员面试。

"我最讨厌喷香水的男士。"孙总监这样说道。因此在他招聘的过程中，只要是谁喷香水来参加面试，一般都不会通过。其实这种完全凭借个人喜好决定是否录用的方式是不公平的，也是不合理的。

其次，用错权力要及时改正。管理者也有出错的时候，尤其是在权力的使用过程中，难免会出错，在面对错误施权时，管理者应该承担起犯错的后果，并且及时改正错误，避免造成更为严重的后果。

最后，发挥用权艺术，成为卓有成效的领导者。在这方面，管理者要学会积极授权，授权本身就是一种用权，在实际操作的过程中，将授权做到位，做到授权合理化，本身就是用权合理的一种表现。

王海亮是一家广告公司的市场部总监，他每天来到公司的第一件事情就是开展部门内部会议，让各个业务员说一下昨天的工作完成情况以及当日的工作计划，这样做是为了能够了解业务员每天的工作量，同时避免有的业务员打着"跑业务"的旗号，在外逛街。

王海亮还针对业绩突出的员工实行一项奖励措施：连续两个月业务量第一名的员工，在第三个月能够比其他员工享受到多两天假的奖励。

在这个奖励措施刚颁布的时候，公司人事部总监找到他，认为王海亮在私自更改公司的休假制度，但是王海亮坚定自己的立场，他认为这是自己部门内部的事情，没有必要征得人事部的同意。因为此事，人事部总监还与他大吵一架。

通过分析王海亮在工作中的用权，不难看出，他在本部门员工的工作方面有权力去了解每个员工每天的工作状态，这是对其总监权力的合理运用。但是在制定奖励员工政策方面，却擅自允许员工可以多休假，这看似是他在运用自己总监的权力来对本部门员工进行奖励，实则是损害了公司整体的休假制度，影响到其他部门的工作，给其他部门的工作带来了不便。由此可见，管理者在用权的过程中，一定要全面考虑，避免出现给其他部门带来困扰的情况。

所谓合理用权，就是指在不损害他人权力实施的同时，做到合理用权。如果为了实现自己手中的权力，而损害他人权力的实施，那么施权是得不到他人认可的，也会给自己的工作带来困扰。

聪明的管理者，不仅是一个善于授权的人，更是一个懂得如何用权，科学施权的人。在团队管理过程中，将权力用到该用之处，将权力进行合理下放，就能够实现团队整体协作能力的提升和团队工作效率的提升。

频繁揽功之人，不可授权过多

公司里，总会遇到这样的人：对于完成的事情，总觉得功劳是自己的，对于犯的错，总认为错误是别人造成的。这样的人不少见，对于管理者来讲，这样的人究竟要不要授权，要不要给予其发展的机会呢？

对于一个频繁揽功的人，从其心理角度来讲，他希望通过"揽功"的途径在领导面前彰显自己的能力，得到领导的重视，是急于表现自己的一种行为。从另一方面来讲，当功劳不属于他，他却急于将功劳放在自己身上时，这本身就是一种不诚信的表现，也是一种欺骗行为，从品质上来讲，这本身不是一种好的品质。因此，对于频繁揽功的人，要学会适当安排，在不打消其积极性的同时，尽量少授权。

刘晓萌在上海一家广告设计公司担任设计师一职。近日，公司招聘了一个名叫田亮的年轻人，自从他来了之后，刘晓萌就没有一刻是省心的。田亮是这家公司老板的远房亲戚，刚进公司，老板就将他托付给刘晓萌了，这种安排让刘晓萌不知所措。

刚开始，刘晓萌觉得田亮为人比较机灵，但是不到一个星期，刘晓萌就发现田亮是一个眼高手低的人，他觉得什么工作都是极其简单的，可是无论给他分配什么工作，他都做不好。刚开始的时候，刘晓萌以为田亮是不熟悉环境，所以才会出错，还会客气地跟田亮说："别着急，慢慢来，有什么问题找我就行。"

后来通过一件事情，彻底让刘晓萌对田亮死了心。田亮刚进入公司时对电脑制图表现出浓厚的兴趣，而且亲口告诉刘晓萌，自己学过电脑制图，只是很久没有操作过了，只要熟悉一下电脑软件，很快就会上手。所以，刘晓萌便让他学着自己电脑制图。

有一次，一个比较着急的客户需要设计一个立体模型图像，刘晓萌决定让田亮负责完成。当田亮听到这个消息之后，便开始高兴地跟刘晓萌说起用什么颜色、什么图形，刘晓萌要求田亮在一周后交图。可是没想到到了交图日期，田亮将自己的设计给了刘晓萌，刘晓萌彻底傻眼了，她看了田亮的图，太过口语化，田亮画的什么都不是，乱七八糟一大张，这让刘晓萌傻了眼，之前说的学过设计，知道怎么操作看来都是假的。

为了能够顺利地交稿，刘晓萌决定自己进行设计。因为田亮花费了一周的设计时间，留给自己的设计时间只有三天时间，所以刘晓萌只能加班加点地完成设计，最终将设计稿给到了客户。

在周例会上，刘晓萌本打算将田亮的情况告知公司老板，不料老板主动提起田亮，并说道："这次客户给了一个着急的设计任务，虽然田亮刚进公司不久，但是能在一周的时间里完成，并且能够按照客户的要求完成，实属不易，这离不开他本人的努力，也离不开刘晓萌的培养。"

听完老板说的话，刘晓萌一时不知道说什么了，设计稿从头到尾都是自己设计的，田亮的设计稿早已经成了废纸，可为什么老板会认为是田亮完成的呢？刘晓萌很清楚，这肯定是田亮告诉老板的。对于田亮的这种行为，刘晓萌觉得无言以对。

事后，刘晓萌将田亮叫到办公室，直言其不适合做设计，又将其安排到策划组，学习策划。不料没多久，田亮又一次犯错，他竟然将客户要的策划案弄丢了，这次田亮竟然将责任推到同事小王身上，小王一气之下竟然离职了。

在这件事情发生之后，刘晓萌决定将田亮的表现告知老板，于是她找到老板，将田亮的表现如实告知，最终，田亮只能离开这家公司。

通过上面的案例不难看出，对于一个只懂得揽功的田亮来讲，他不仅仅是职业素养不够，更多的是职业道德的缺失。因此，在管理过程中，遇到这样的人，应该多加注意，不应该将重要的权力下放到这样的人身上，否则将会给团队带来致命的打击。

对于企业的管理者来讲，要做的不仅仅是将权力放在合适的人身上，更重要的是选择一个可以正确运用权力的人，将权力的作用发挥到最大化，从而促进整个团队的有效运行。那么，管理者如何能够分辨出什么样的员工是善于揽功推过之人呢？

第一，只说不做的人。在团队中或多或少都会有这样的人，他们说得比做得好，说得比做得多，面对这样的人，管理者一定要多加留心。只动嘴不动手的人，往往不够务实，将权力下放给这样的人，多半会有权力运用不当的情况发生。

第二，频繁强调个人成就的人。只要是在团队中，完成某项目标或者是实现某个计划，都应该是团队力量的作用，当然，其中不乏个人努力的成果，但是在团队面前，个人的成果显得尤为不重要，因此，一个频繁强调自己能力重要性的人，往往是一个善于揽功的人。

第三，在整个团队中，管理者要想做到公平，就必须要学会分清不同员工的工作能力。如果一个善于揽功的人频繁得到管理者的赞赏，或者是得到授权，往往会造成团队中其他成员心理不平衡，从而降低了团队凝聚力。对于任何一个团队来讲，公平是促使团队效率提高的关键因素，而管理者的正确授权往往就是公平性的体现。

惧怕放权，你不累谁累

"如果亲自做，我会做得更好"这种思想很多管理者都会有，"让下属做，我不放心"这种思想也是很多管理者不放权的理由。然而一个人的时间是有限的，精力也是有限的，因此，在精力有限、时间有限的情况下，管理者要学会适当放权，只有放权之后，才会明白如何获得更多的控制权。

万科企业股份公司创始人王石在接受记者采访时说道："我在思想观念上的变化很大，最大的变化就是过去个人英雄主义的东西多，现在只要对有社会影响力的人有启发，我就愿意做，过去我是不愿意的。"企业中的大佬们，或多或少都会有这样的思想，他们害怕放权，甚至觉得个人能力超过了下属的能力，不愿意通过放权的形式来实现团队协作。

对于管理者的"放权恐惧症"，可以从以下几方面进行分析：

第一，害怕下属做不好，从而影响到团队发展。在生活中，我们经常会看到很多妈妈为了避免小孩儿吃饭让饭菜弄脏衣服，会拒绝让孩子学习自己进食，选择喂养，这样会造成孩子已经到了该上幼儿园的年龄，仍然不会独立就餐。企业管理也是一样，对于很多管理者来讲，他们害怕下属做不好，在工作中出错，所以会选择自己做，不让下属参与。将权力牢牢抓紧，不给下属锻炼的机会。

第二，害怕下属稳定性不强。有些管理者不愿意放权的原因是害怕下属稳定性不强，将公司过多的机密性文件和权力掌握之后，给企业带来隐患。这种担忧往往发生在公司刚发展壮大，很多业务需要开拓的时期。

第三，害怕下属超越自己。有的管理者明明知道下属的能力比自己的强，但是依然害怕下放权力，归根结底是因为他们害怕下属获得权力之后，做得比自己好，从而不利于自己在公司的地位和权威。

北京一家科技发展公司主要经营的业务是全国各地的博物馆、展馆布展，其公司老总叫沈泉，我习惯称他为沈总，因为公司的大小事务，他都会管，都会过目。

记得他在满洲里有一个科技馆项目，在项目进程中，他要求项目经理驻守在科技馆，每天晚上都要向他汇报工程进展情况，这还不算，还要项目经理将每天工人的花销进行上报。在这个项目的项目部，项目经理想要购买一台打印机，目的是方便办公，这样的小事情还要向他进行汇报。不仅如此，就连工人入住的酒店，在价格上也必须得到他的同意才能住宿。

在沈总的公司，员工们都很清楚，无论大大小小的事情，尤其是涉及钱的事情，如果不上报就不会给报销。

项目经理周冬曾经遇到过一件事情，让他倍感无奈："当时一个项目在山东东营，因为项目提前一天完工，本来买的火车票是31号的，但是30号就已经完工了，为了能够早点回到北京，我就私自将31号的火车票进行了改签。没想到回到公司之后，财务不给予报销，原因就是没有事先征得老板的同意。"

在团队管理过程中，我们经常会听到一些老板们抱怨自己太累，大事儿小事儿都要自己管。其实，很多时候并不是下属的工作能力差，而是管理者舍不得放权，不舍得将权力下放给员工，这样一来，你不累谁累。

对于管理者的这些惧怕，我们不妨从以下几方面进行应对，从而做到有效授权：

首先，决定下放什么权力，保留什么权力。对于自己擅长做的事情，或者是通过自己拥有权力能够迅速达到提升效率的目的的事情，这些权力是可以保留的。对于下属擅长的或者是保证下属可以做好的，这些权力完全可以交给下属，这些工作也可以由下属去完成。

其次，制定一个合理的计划。在这个计划中，有你需要完成的工作，也清楚地标明下属应该完成什么，达到怎样的效果，同时在完成计划的过程中，要保证告知下属怎么去做，避免下属不知道操作方法和步骤，造成时间浪费。

再者，找到最适合的人。在寻找授权对象之前，要知道自己需要什么样的人，或者说是岗位需要具备怎样能力的人。在寻找合适的人的过程中，要能够看到别人的优点所在，从而针对优点寻找合适的人进行权力下放。

最后，不时地检查进展。对于权力下放来讲，管理者要做的是具有一定的操控能力。在执行过程中，管理者要进行检查，了解工作进展。在工作过程中，如果有员工遇到了困难，作为管理者的你应该能够给予一定的帮助，保证工作顺利进行。

适当放权，不仅能够减轻管理者的管理负担，也能够增加员工的工作积极性。当领导者将权力下放给某个员工时，员工会认为这是得到管理者信任的表现，从而会更加积极地去完成工作。与此同时，作为管理者在下放权力之后，也能够检验员工的工作能力是否有待提高，员工还有哪些潜力未曾挖掘。因此，不要舍不得自己手中的权力，更不要惧怕放权，通过放权，管理者会拥有一支更强大的团队。

第六章　自我管控，做优秀的带队人

古人云："其身正，不令而行；其身不正，虽令不从。"有什么样的领导，就会有什么样的下属。只有自己起到表率作用，下属才会按照指令做事情，否则，即便下了命令，也是阳奉阴违的人多。

身先士卒，让员工不得不服气

所有的管理者都得明白，有什么样的领导，就会有什么样的下属。古人云："其身正，不令而行；其身不正，虽令不从。"意思是作为统帅，只有自己起到表率作用，下属才会按照指令做事情，否则，即便下了命令，下属也不会听从指挥。

曾国藩认为：作为统兵的主帅，自己的表率作用是非常强的，只有靠自身的清廉有信，才能获得部属的拥戴。对于企业管理来讲，也是如此，企业的管理者能否在企业管理中起到表率作用，这将关系到企业的成败。

人类的本性在危急时刻所采取的行动中表露无遗，这点很多时候是难以避免的。比如平时说话声音洪亮，一旦面临危急存亡时，可能会狼狈不堪，如果员工看到管理者在紧要关头表现得不知所措，那么一定会非常失望。相反，如果管理者在危难时分，能够挺身而出、不畏艰难，那么员工自然会更加敬爱自己的领导。在团队管理中，下属期待的管理者是能够表现得与众不同的，且能够断然地做出决定，并很好地贯彻与执行。只有这样的管理者，才能吸引下属，并得到下属的认可。

动物学家曾经在动物园进行过一项测验，让该园饲育员利用狮子皮假装成狮子，然后进攻黑猩猩群。黑猩猩在刚开始时会因为害怕而大声号叫，不久之后猩猩的首领便捡起身边的树枝，做出向"狮子"

挑战的姿势，然后其他猩猩也不害怕"狮子"了，也不再仓皇而逃，而是勇敢地率先向狮子挑战。

可想而知，如果在狮子攻击的时候，首领猩猩仓皇逃走，虽然其他猩猩也不会进行战斗，但首领猩猩的逃跑势必引来猩猩们的鄙视。企业管理也是如此，对于一个团队来讲，面对如此激烈的社会竞争，团队随时随地都可能会面临困难。在困难面前，如果企业管理者表露得惊慌失措和无能为力，就很难在这团队中取得威信。管理者应该在团队中起到表率作用，尤其是在团队遇到困境时，一定要保持沉着冷静，让大家都能够勇敢地面对挑战。这种身先士卒的行为，不仅在客观上维护了管理者的威信，而且也能够让员工从内心感受到领导的重要性，并对管理者发自肺腑的认同。

史瓦兹·柯夫将军曾经说过："下令要部下上战场算不得英雄，身先士卒上战场才是英雄好汉。"俗话说得好，商场如战场，领导者的榜样作用是强大的，这种身先士卒的感染力是一种无形的号召，能够对下属产生激励与督促作用。

对于下属来讲，他们无形中会对领导者产生依赖心理，这种依赖心理往往在困境中更加突出，当下属遇到困境不知所措时，他会希望从领导那里得到帮助或者是精神上的支持。此时，领导者的身先士卒对下属来讲就是一种动力。下属会按照领导的行为来完成工作目标，这种号召力往往能够传染给其他员工的。

曾经著名的艾劳战役时，由于法俄两军势均力敌，战斗可谓是相当激烈，经过多次对战，依然难分胜负。拿破仑为了激发战士们的斗志，便亲率一支步兵停留在艾劳墓地。不料此时俄军的炮弹开始轰击，纷纷落在他的前后左右，炸断的树枝和泥土掉落到拿破仑的头上，拿破仑本人随时都有中弹死亡的危险。面对这种情景，他并没有落荒而逃，而是镇定自若地在墓地停留了几个小时，这几小时内，士兵们没有人逃离，更没有人仓皇乱跑，他们都毅然地屹立在这个死神笼罩的地方，时刻待命出击，直至取得艾劳战役的最后胜利。

　　企业管理也是如此，管理者要想让员工自发、自愿地为团队做出贡献，其自身的态度和行为是至关重要的。管理者理应意识到自己的责任，只懂得坐在办公室里发号施令，不懂得带领团队直面困境的管理者，势必不会得到下属的真心，更无法将团队打造成一个具有高度凝聚力的团队。

　　团队并非是一个人的天下，需要每个人的付出，管理者本身是企业的风向标，所有的员工都需要拿管理者的言行作为参照。在企业的日常管理中，管理者需要身先士卒，积极参与。

　　在北京的一家贸易公司有一条不成文的规定：所有节假日需要值班的岗位，都需要领导者率先安排值班，领导者不能私自休假。因此，在这家公司，从来没有员工出现旷工的情况，也没有迟到早退的情况。

　　管理者有责任带动每个人共同负责，这就要求作为管理者本身能够积极地参与到公司的日常事务中，同时，在一些制度面前，要率先遵守，不能违背制定好的制度要求，否则制度就会成为摆设。只有这样，才能给员工做表率，影响员工的一言一行，在公司里建立起榜样文化，从而促进团队的良性发展。

　　身先士卒，率先垂范，不仅能够唤起下属对领导者的崇敬感。同时，作为企业的领导者，还能够在团队中树立威信。一个只懂得让员工自己去做事情，不懂得和员工协作的领导，往往是一个失败的管理者。尤其是在困境面前，管理者应该站出来，主动替下属抵挡"炮弹"，而不是站在下属的身后，等待下属为自己抵挡"炮弹"。

　　作为企业的管理者，代表的不仅仅是自己，你的一言一行都会对下属产生影响，下属会效仿你的言谈举止。管理团队，需要的不仅仅是发号施令，更需要身先士卒，投身到团队的日常事务中，只有这样才能够得到下属的认可。与其做一个高高在上的"发号施令者"，不如做一个平易近人的实干家。管理者要看到自己身上的责任，同时也要用正能量影响团队中的其他人。

情绪管理，做优雅的带队人

　　作为团队的管理者，应该做到的不仅仅是对员工的管理，更重要的是对自己情绪的管理。一个管理者的涵养往往体现在其情绪管控方面。俗话说得好"人生不如意事十之八九"，生活在竞争激烈的现代社会，每个人都要面对很多事情，比如来自工作、生活、学习和情感等多方面的压力。压力往往是导致一个人情绪发生波动的主要原因，从另一个方面来讲，工作中对于情绪的管理往往就是一种抵抗压力的行动。

　　对于任何一个人来说，束缚自己都是一件痛苦的事情，比如当你想要大发脾气的时候，你选择了忍耐，而这种忍耐往往是自我的一种煎熬。当然，一个不懂得管理自我情绪的人，往往会对周围人的情绪产生影响。如同一片平静的湖水，当蜻蜓点水时，水波一层层传开。在对员工的管理过程中也是如此，如果管理者任由自己的负面情绪进行传播，甚至会产生更为严重的负面结果。

　　在管理界，我们都听说过"蝴蝶效应"，即在团队中，可能会因为你的一次肆无忌惮地发脾气，导致一名成员因为过度紧张而失误，进而影响到整个团队的工作进程，最终导致工作目标没有按时完成。

　　那么作为团队管理人员，究竟该如何管理自己的情绪，避免负面情绪进行传播呢？

　　首先，避免出现奴性思维。即在实际管理的过程中，我们会看到有的管理者是"官升脾气大"。尤其是在纷繁复杂的管理系统中，这种思维往往会影响到一个人的情绪，久而久之，就很容易被人利用，做主动成为别人奴隶的事情。

在团队管理中，很常见的事情就是，管理者会被周围发生的事情或者人所左右，比如遇到自己不喜欢的人，管理者心情就会不悦；看到别人做了自己不喜欢的事情，自己的情绪就会瞬间变差；对于其他人的命令，自己可能会发牢骚等。此时的管理者，不是以一种主体的行为对事情进行观察和审视，而是自我的情绪如同一面镜子，对外界进行反射。一旦管理者有了这种奴性思维，那么做的事越多，错误就越多，思考的问题越多，错误也越多，情绪越差，从而形成一种恶性循环。

其次，避免出现"老大"思维，即在管理中唯我独尊。这种思维往往出现在一些成功的管理者身上，尤其是大型团队的管理者身上，他们经过多年的打拼，终于建立了属于自己的"商业帝国"，他们习惯产生唯我独尊的"老大"思维。尽管这些领导者都知道拍脑袋决策的巨大风险，这种思维惯性，还是会影响到一个人的情绪。

再者，避免出现本位思维。很多管理者都会有这样的想法，只要我"种好自己的一亩三分地"就行，其他事情不会多管多问。如果是将"一亩三分地"之外的事情分配给他，他便会产生抵抗情绪，从而会发自内心地拒绝做某些事情。

最后，避免惯性思维的出现。从一方面来讲，惯性思维往往会限制一个人的思维创造性；从另一方面来讲，当一个人的思维方式受到了限制，最终的结果往往是工作效率不佳，甚至会影响到团队的全局性发展。思维的僵化会让管理变得举步维艰，自然会给管理者带来一定的心理压力，从而导致情绪波动。

要想做一名优雅的管理者，自然需要进行自我修养。比如当你在工作中遇到困难，出现消极思想时，不妨给自己一些积极的心理暗示。这种积极的心理暗示往往能够帮助管理者渡过难关。

当管理者在遇到不顺心的事情想要对下属发脾气的时候，不妨给自己一些空间，让自己平复心情，静等几分钟再与下属商讨工作。这样做的目的就是为了避免将自己的负面情绪传染给下属。

在工作中，难免会出现与下属意见不同的时候。此时，管理者不妨告诉自己，你们的目的是解决问题，而不是进行"辩论"，这不是辩论会现场，没有必要进行唇枪舌剑，更没有必要因为意见不同而大动干戈。

从另一个方面来讲，管理者要想做到遇事心平气和，不妨在日常生活中，多读书，多进行知识的积累。读书是为了什么？就是为了让我们更宽容地去理解这个世界有多复杂。或许我们找不到改变别人的方法，但是我们可以通过读书来改变自己。

当一个人的情绪被负面因素所占据的时候，他的内心往往是纠结的，思绪往往是混乱的。因此，在这个时候作为管理者就应该明白自己想要的是什么，能做到的是什么，不要为自己找借口，同时也不为自己增加思想负担。

优雅的管理者拥有超越基层员工的智慧，但聪明人总是爱犯同一类错误：聪明反被聪明误。这就表明管理者往往会被自己的聪明所误导，这种聪明不是智商上的一种超越，而是一种管理者的心机。因此，作为管理者要想控制自己的情绪，就要学会控制自己的心机，不要让自己的心机泛滥，否则会影响到管理者的智力和思维。

优雅的管理者是能够让员工在心情愉悦的环境中工作的，而一名简单粗暴的管理者，通常会将自己的情绪发泄给员工，让员工在本身就繁忙的工作中，再次承受来自心理上的压力，这是不利于员工提升工作效率的。

俗话说："一个宽容的人，往往是一个充满智慧的人；一个充满智慧的人，往往是一个优雅的人。"作为团队的领导者应该具有一定的气场，而这种气场的来源往往是自我内心的塑造。当一名管理者能够宽容地对待自己的下属时，他往往能够得到更多的理解，获得更多的支持，从而优雅地带领团队完成目标。

先完善自我，才能带好队伍

　　要想管理好别人，首先要管理好自己，进行自我管理最好的办法，就是懂得如何完善自我。优秀的领导者必定是卓越的自我完善者。要知道自我管理是一门科学，也是一门艺术，是对自己人生和实践的一种自我调节能力，而自我完善正是实现自我管理的途径与手段。聪明的管理者可以逐步走向自我完善，最大限度地激发自身的潜能，从而实现自我管理与管理他人。

　　在寺庙中的一块大理石地面愤愤不平地对佛像说："我们本是同一块儿石头，可现在我只能躺在这里，灰头土脸地被万人踩踏，而你却可以高高在上地受万人膜拜，为什么如此不公平呢？"佛像对大理石说道："虽然我们来自山中的同一块石头，但我经历了数名工匠的精心打磨，这才成就了今天的我，而你只接受了简单加工，所以你就只能铺在地上，成为一块儿普通的垫脚石。"

　　同样作为管理者，有的人能够成为下属的榜样和崇拜对象，而有的可能会遭到下属的嫌弃和抛弃，这究竟为何？究其原因，不难发现优秀的管理者能够从自身找原因，不断地完善自我，对自己进行有效的管理，从而成为下属心中的那尊"佛像"。

　　很多管理者都很清楚所谓自我完善就是通过某些方式和手段来进行自我解剖和认识，从而认识到自己的缺点和优点，再通过自我学习的方式进行缺陷的弥补和优势的加强。那么管理者要想实现自我完善应注意哪些方面呢？

　　首先，在智慧女神雅典娜神庙上刻着唯一一句话："认识你自己。"对于管理者来说也是一样，要想完善自我，就要做到认识自己，认清自我。一个不了解自我的管理者是不可能进行自我完善的。在实际的管理过程中，经常会看到一些管理者根本看不到自己的缺点，当然，所谓的自我认知，不仅仅包括认识到自己的缺点，也要看到自身存在的优势。利用自己的优势进行管理，同时避免自己的缺点对管理产生不利的影响。这种自我完善的方式往往需要管理者能够很好地对自己进行认知和解剖，自我解剖本身就是一件痛苦的事情，就如同拿着一把手术刀对自己的病痛进行治疗一样，只有彻底地将痛处切掉，伤口才能真正地愈合。

　　其次，善于学习的管理者才有机会进行自我完善。对于管理者来讲，学习是一种自我完善的手段，同样，也是一种不可或缺的方式。人的一生就是学习的过程，只有不断学习才能跟得上时代的发展潮流，换句话说，一个不懂得学习的人，是享受不到新鲜事物带来的人生乐趣的。在生活中，我们需要通过对新鲜事物的认知来丰富自己的阅历，而在管理中，我们需要丰富自己的知识结构，从而达到管理方式的创新。

　　最后，善于创新的管理者往往能够实现自我完善。管理本身就充斥着随机应变的方式，在这个过程中，我们要做的不仅仅是丰富自己的阅历，更多的是让自己掌握一些新的思想和理念，从而达到真正的自我创新。

　　对于管理者来讲，自我完善必然是一个过程，人绝对不是一成不变的。我们拿下面的例子进行分析：

世界现代史上有这样的三个人：第一位在年轻时曾经信奉巫医，酗酒成癖，除此之外，他还有两个情妇；第二个人刚刚步入社会时，好吃懒做，饮酒成性，甚至因吸食鸦片被两次赶出办公室；第三个人则是国家级战斗英雄，不吸烟，不喝酒，还坚持素食，在整个青年时代没有任何违法犯罪的记录。

面对这三个人，你认为哪个人能够成为造福人类的人呢？或许我们会毫不犹豫地选择第三个人。然而，这个选择是大错而特错了。这三个人都是第二次世界大战期间的风云人物：第一位是富兰克林·罗斯福，虽然身残，但志坚无比，他曾连任四届美国总统；第二位是温斯顿·丘吉尔，可谓是英国历史上最著名的首相，也是1953年诺贝尔和平奖的获得者；第三个人则是臭名昭著的阿道夫·希特勒，被称为法西斯夺命恶魔，他一手夺去了几千万无辜的生命。

不难看出，人，过去是什么样子，未来不一定还是那个样子，显然，人是会变的。如果要改变，就一定会改变。改变成什么样子，完全是取决于自己的。管理者也是如此，他想要变成什么样子，就应该朝着哪方面进行学习。

曾子曰："吾日三省吾身：为人谋而不忠乎？与朋友交而不信乎？传而不习乎？"也就是要我们每天都进行自我反省。同样，管理者更要自省，甚至自责。对自己一天的所作所为进行反思，不仅能够检查并发现自己的每一个细小过失，而且还能进一步有目的地严格要求和提高自己，防微杜渐。

在新经济环境下，团队中知识型员工越来越多，员工的知识水平也不断提升，思维更加活跃，自主意识不断增强，这就要求管理者要学会丰富自己的知识层面，从而利用制度以外的东西来管理员工。对于企业管理者来说，自我完善是管理的最高境界，是最经济和有效的管理方法。

当今社会竞争如此激烈，管理者如果不懂得提升自我，不懂得自我完善，那么也很难在管理岗位上做得长久。人生中处处有挑战，管理者要意识到这一点。只有不断地进行自我提升和自我完善，才能够在挑战面前不畏惧、不气馁，在管理中，才能做到如鱼得水，不卑不亢。

找出自身独特的"卖点"，
做自己的"品牌经理"

在生活中，我们免不了逛商场，商场推销人员经常会说服顾客购买产品，为了能够达到自己的推销目的，他们经常会滔滔不绝地列举一大堆的产品优点，这些优点往往是吸引我们进行购买的产品"卖点"。我们每个人也是一样的，都有自身的优点与特长，这就等同于产品销售时的"卖点"。

领导者应该学会根据自身的特征，从自己的优势出发，打造出个人品牌，在管理中形成自己的管理风格和特点，通过自己独特的管理风格来对团队进行有效管理，实现团队发展的目的。有一个关于成功的寓言故事常常被管理者拿来进行分析：

在一片森林里，动物们开办了一个学校，目的是和人类一样聪明。开学第一天，学校来了很多小动物，有小乌龟、小鸭、小鸟，还有小兔子、松鼠、山羊。为了让每种动物都能参与到学校的课程中，老师开设了唱歌、跳舞、跑步、爬山和游泳这5门课程。

当老师宣布第一堂课为跑步课时，小兔子兴奋不已，快速地在操场跑完了一圈，并且回到家自豪地对妈妈说："我很喜欢这所学校，在学校里我能成为操场上的冠军。"

第二天一大早，小兔子蹦蹦跳跳地来到学校。老师宣布，今天要开始上游泳课，话语刚落，小鸭子兴奋地跳进了水里。天生害怕水的小兔子不知所措，其他小动物更没了招。

接下来的三天，老师分别上了音乐课、爬山课、舞蹈课，之后的场景我们可以想象得到，学校每一天的课程都会有喜欢的小动物，也会有不擅长的小动物。

这个看似简单的寓言故事，其实向我们诠释了一个通俗的道理，不管是从事什么职业，都必须充分挖掘自我的潜能，认识到自己的优点，了解自己的缺点和劣势，从而确定最适合自己的发展方向，否则就有可能出现虚度光阴，埋没才能的情况。

每个人都有其独特之处，虽然每个人的心智与情商不同，性格也不一样，但是在职场上，都有其优点所在，我们在竭尽全力进行拼搏之后，才能够得偿所愿。从另一个层面来讲，要想实现自己的成功，就应该充分利用自己的优点，不要忽视自己的缺点，只有这样才能够成就自我。

作为团队的管理者，更应该明白自己的"卖点"是什么，尤其是在管理的过程中，不可忽视自己的优点。那么，管理者究竟要怎样找到并利用自己的"卖点"实现有效管理呢？

首先，找到自己的"卖点"究竟是什么。很多管理了团队数年的管理者也不一定知道自己的"卖点"是什么，也就是自己的特点是什么，自己与其他人有何不同之处，自己又有什么是别人没有的才能。或许在当今社会，你所拥有的学历，别人也有；你所看重的经验，别人也很丰富；你所引以为豪的基本技能，别人也能熟练掌握。此时管理者可能会困惑，究竟自己有什么卖点可找呢？其实，管理者是自己的品牌经理，你要为自己找到独特之处。当然，独特之处可能是一种能力，也可能是一种手艺，只有对自己进行分析之后，才能够看到自己的独特之处。

其次，管理者的能力大于经验。优秀的管理者都会具备很好的学习能力和创造能力。当别人还在以经验论胜负的时候，你已经拥有能够将自己的能力转化成经验的力量，那么此时你就是自己的"品牌经理"。

最后，在瞬息万变的商场环境中，作为管理者如果很难推销自己，就意味着你失去了自己的竞争阵地。推销自己的手段也就是掌握自我"卖点"的方式。管理者要知道自己究竟"卖点"何在，同时，当你找到自己的"卖点"后，究竟要怎样运用到管理中，这是一件值得研究的事情。比如一个擅长言谈的管理者，就应该能够通过自己的言谈来达到有效沟通的目的，同时通过有效沟通实现有效管理；一个思维活跃，善于创新的管理者，就应该通过自己的创新管理模式实现团队高效的管理。

做自己的品牌经理，打造自己的"卖点"，需要管理者花费大量的时间和精力，在这个过程中，管理者要具备一定的进行自我塑造的耐心，毕竟任何一种能力和习惯的养成都不是一朝一夕的事情。如果没有花费大量的时间和精力就想要达到很好的管理效果，往往是不可能的。

对于一个团队来讲，需要的不仅仅是一个带队的管理人员，更需要一个有独特之处的管理者。当一名下属对上司产生敬意的时候，往往会说"我很佩服他的管理方式，他的管理有他的风格"，这个时候下属口中的"风格"就是我们所说的管理"卖点"。当然，管理者需要有自己的管理风格，比如雷厉风行、处事果敢等。而管理风格背后正是体现了一个人的"卖点"。

每个团队都需要人才的加入，而管理者必须是人才的代表者，如果管理者是一名平庸无能之辈，那团队必然陷入混乱之中。管理者不能平庸，平庸就意味着不实干，因此，管理者应该拒绝平庸，拥有自己独特之处的管理者才可能成为自己的"品牌经理"。

　　"你是你的象征"这是一句看似矛盾的话，但是这正是当今社会对管理者的要求。管理者应该代表自己的管理风格和特点，同时也应该象征自己的团队。因此，作为管理者要敢于挖掘自身卖点，从而建立一支"刀枪不入"的团队。

用心做事，团队才能少走弯路

很多管理者会问，究竟怎样做才是用心做事。其实所谓用心，就是需要管理者肯多花时间、多动脑子、肯耗费精力去想问题，去研究和琢磨事情。用心做事是对工作有强烈事业心的一种表现，同时，也是极富责任心的体现。因此，作为团队的管理者需要拥有强烈的责任心和事业心，践行工匠精神，使出自己最大的力气，达到团队的目标。

对于一个健康发展的团队来讲，需要团队中的每个人都将精力投入到工作中，踏踏实实做事情，时时刻刻用心去做工作。当然，在要求员工的同时，管理者要做到认真工作和踏实管理，要知道一个浮躁的管理者往往会给团队成员带来不稳定，从而导致整个团队不能稳步发展。

团队管理者应该用心做好每个细节，把握细节工作。当然，做好细节工作，并不是要事事亲力亲为，而是要求在工作中注重细节，不能马虎大意，要专心致志地完成一项工作。如果说"认真做事"是一种态度的话，那么"用心做事"就是一种品质。管理者有时候一个不经意的细节，可能就会对下属产生影响。

用心做事是工匠精神的一种体现，即一丝不苟，精益求精，一以贯之。今天的华为、联想、海尔、格力等中国企业在其相应领域内达到世界前沿，这种成就的取得正是团队用心做事的体现。

1871年左右，德国制造还处在假货和仿冒横行的时代。当时英国人为了辨别德国产品，规定从德国进口的商品务必标注"德国制造"。之后，德国认识到自己产品的劣势，便开始了精工制造的征程。经过一百多年的时间，各行各业德国人的坚持和精工细作，最后才使得德国产品在世界市场上扭转局势，现如今德国制造成了优质产品的代名词。

我们再以日本为例，在18世纪50年代日本还只能生产廉价而简单的商品，为了振兴国内经济，日本经过20多年的努力，将传统的工匠精神传承于规模化制造，极大提升了日本制造的品质。

对于整个国家的企业来讲，工匠精神也就意味着要用心做事、精耕细作。同理，对于管理者来说也是如此，在工作中更需要讲究工匠精神，将自己的管理进行到细微之处，只有这样才能够促使整个团队精工细作。

作为企业的领导者，为什么要具备用心做事的品质呢？

首先，在目前的大环境下，个人和企业都面临巨大的生存挑战。一个企业需要工匠精神，而作为团队管理者则需要用心做事情，只有这样才能够不断提升自我，增强自我的竞争能力，同时满足团队发展的需要。

其次，用心做事可以通过一定的环境进行传播。对于整个团队来讲，只有管理者一人用心做事是远远不够的，需要整个团队都能够认真地完成工作。当团队领导者的模范精神经过传播之后，下属受其感染，在工作中也会认真做事。

最后，用心做事是对工作负责的一种表现。在任何一个岗位中，都需要认真工作，因此，作为企业的管理者更应该重视自己的工作成果。当一个管理者能够认认真真做事情的时候，其下属也会积极地完成自己的工作。

日本企业家稻盛和夫在经典自述中说："当你把一个产品完全当作自己的孩子，满怀爱意、细心观察时，必然就会获得如何解决问题、如何提高制成率的启示。"对于一名管理者来讲，用心做事也就要求其能够发挥主观能动性，在面对困境时，能够主动地寻求解决问题的出路和办法。如果管理者不能够积极地应对工作中的困境，那么势必也会造成团队停滞不前。

一名优秀的管理者在认真完成本职工作的同时，也能够积极思考问题，当管理者积极地思考问题之后，下属也会积极地完成工作。一个优秀的团队就是能够用心做事，实现团队的奋斗目标。

日本以精细化工业闻名于世，离不开几代日本企业家用心工作的精神，正如大企业家稻盛和夫所说的："企业家要像匠人那样，手拿放大镜仔细观察产品，用耳朵倾听产品的'哭泣声'。"在当今社会，各行各业都很注重用户的体验感受，从而提高与用户的黏合度，这就注定了企业需要具备一定的工匠精神。

对于一个企业来讲，每个人都是团队中的一员，只有每一名员工都脚踏实地地进行工作，才可能实现团队的成功。因此，这就需要团队管理者进行正确的引导，做好榜样作用。管理者对工作要做到精益求精，放眼当下，真正创造时代传奇的企业家，身上也都有鲜明的"工匠精神"的烙印，这也就是我们所需要的"用心做事"的精神。

严于律己，宽以待人

　　顾名思义，严于律己指的是对自己要严格要求，宽以待人指的是对别人要宽容，不要抓住别人的过错不放。这样做的目的是不断地提高自己、完善自己，对别人而是要做到宽容以待。对于管理者而言，严于律己不仅可以为下属树立良好的榜样，起到带头人的作用，而宽以待人又能够让下属具有更宽松的工作空间，促使下属自觉遵规守纪。然而，在实际管理过程中，一些管理者很难做到严于律己和宽以待人，甚至有些管理者只能做到"严于律人，宽以待己"，这样做是难以服众的，最终将失去人心。相反，优秀的管理者会严格要求自己，避免自己犯错，同时还会宽容的对待别人，这样往往会深得人心，管理者也能够得心应手，事半功倍。

　　每一位团队的管理者都想成为一名优秀的领导者，以身作则，严于律己是成为优秀管理者的必备条件。俗语有言"火车跑得快，全靠车头带"。由此可见，管理者的领导示范作用不仅能够振奋下属的工作士气，还能够提高工作效率和团队协作能力。对待下属需要做到宽容以待，尤其是在下属犯错之后，更应该给予下属解释和改正的机会。对于下属犯的错进行分析，不能一概而论，让下属能够意识到错误的根源所在，也能够更好地进行改正。

　　对于员工来讲，他们需要有更宽容的工作环境，当然所谓的宽容并非不负责任，更不是放任不管，而是给予其一个进行工作完善的机会。作为管理者要给予下属机会,同时,要起到模范带头作用,引导下属进行高效工作。

创造了联想神话的前任总裁柳传志有许多传奇故事,在他的办公桌上,有一句警语:"其身正,不令而行。"有一则是其严于律己迟到罚站的故事:联想集团在开始要求每周开展一次例会,为的是能够将本周的工作进行全面梳理,可是有一段时间,一些参会的领导由于多种原因经常出现迟到的情况,一个人迟到,其他人就要花费大量时间来等候。因此,柳传志决定,补充一条会议纪律,即迟到者要在门口罚站5分钟,以示警告。

在这条纪律颁布后,迟到的人越来越少。然而有一次,柳传志自己被困在电梯中,迟到了几分钟,当柳传志走进会场后,大家都等着柳传志做解释,柳传志先是不停地道歉解释,然后自觉地在大门口罚站5分钟。这件事不为人知,整个联想集团都为柳传志的5分钟罚站而喝彩,其效果也不言而喻。

联想从20万元起家,到现如今资产上百亿,与柳传志一贯的严于律己是分不开的。他要求别人做到的,自己绝对会做到,禁止别人做的,自己肯定不会去做。正因为如此,他才具备强大的号召力和影响力。

事实上,在下属的心目中,希望遇到一个能够靠得住、信得过的管理者,这才是真正意义上的团队"领头羊",员工才会忠心耿耿地跟着管理者。管理者除了要做到严于律己之外,更要做到宽以待人。曾经一个上市企业,公司有一条规定,每个员工每个月可以有两次未打卡的机会,无论是因为什么原因忘记打卡,第一次和第二次不进行扣款，如果一个月内出现第三次，那就要扣款了，而管理者则只有一次机会，从第二次开始进行扣款。

有一位管理学家曾经说过："除非你能管理自我，否则你不能管理任何人或任何东西。"这句话正是对律人先律己的诠释。高明的管理者往往能够做到以德服人，以身正法，从而彰显出领导者卓越的品格和人格魅力。如此，管理者根本不需要严于律人，便可以达到管理下属的目的。那么作为团队的管理者，究竟要从哪几方面来做到"严于律己，宽以待人"呢？

严于律己要做到以下几点：

第一，严守企业规章制度。俗话说得好："没有规矩，不成方圆。"不管是在什么岗位、在什么样的企业中，都应该遵守规章制度，守法守则是第一准则。

第二，要高质量地完成工作。想要成为一名优秀的管理者就需要承担起自己该承担的责任，完成自己分内的工作。

第三，每日自省、自检。既然要严格要求自己，就一定要做到正视自己的错误，认识到自己的缺点。尤其是当自己犯错时，要敢于承认并及时改正，绝对不能隐瞒和逃避错误。

管理者要做到宽以待人，不妨从以下几点出发：

其一，管控好自己的情绪，不要轻易发怒。要知道每个人都有犯错的时候，不要动不动就着急发火，发脾气不仅不利于事情的解决，更不利于稳定员工的情绪。

其二，多反省自己，少归罪于别人。遇到事情怪别人其实是懦弱的一种表现，多反省自己才能有利于解决问题。

其三，学会宽恕和理解。己所不欲，勿施于人。很多管理者总是拿自己的观点来强加于人，这并非明智之举，每个人都有每个人的观念，每个人的原则，要学会理解别人，学会换位思考，从对方的角度去考虑问题。

其四，不要斤斤计较。有些管理者虽然嘴上不说，但会记恨在心，这不仅不利于工作，也是一种不大度的表现。当然，更不要拿自己对事物的衡量标准来衡量他人，要做到大度处世，以德服人。

曾经有一位哲学家在海边目睹了一条船遇难的经过。船上的船员和乘客无一生还，他心痛难耐，抱怨上苍不公，抱怨那位船上的罪犯，因为一位罪犯竟然让众多的无辜者受害。当哲学家正在心生抱怨之际，他忽然发觉自己竟然被一大群蚂蚁围住，一只蚂蚁爬到了他的身上，并且咬了他的手臂一口，愤怒的哲学家不仅杀死了咬他的那只蚂蚁，还将围绕在自己周围的所有蚂蚁统统踩死了。

就在此时，天神现身了，并用他的拐杖敲着哲学家的脑袋说："你以类似上苍的方式对待那些围绕在你身边的蚂蚁，你还有什么资格去批判上苍的行为呢？"

通过这个故事不难看出，只有做到严于律己的人才有资格去评论别人的行为，同样，作为管理者要懂得宽以待人，否则不会得到员工的信服。

"严于律己，宽以待人"，自古以来就是中华民族的传统美德。无论在生活中，还是在工作中，我们都应该多审视自己，从自身找原因，不要总是用挑剔的眼光看待别人，更不要用自己的观点来要求别人。

作为团队的带领者，需要做的不仅仅是自我审视，更要做到不对他人评头论足、说三道四，在工作中杜绝建立双重标准，即宽松地对待自己，严格地要求下属。我们经常会听到一些员工抱怨"只许州官放火，不许百姓点灯"，其实这正是很多管理者做不到严格要求自己的结果。

有一些员工时常抱怨团队缺乏一种和睦的、融洽的人际关系，抱怨同事之间缺少相互帮助和关爱的氛围，但是管理者却从来不曾关心过下属，在下属遇到困难时，也不曾主动地给予帮助。俗话说得好："如果你想要别人怎样对待自己，你就怎样对待别人。"作为企业管理者更应该做到这点，在你希望员工高效工作的时候，首先自己要做到高效工作，当然，在员工遇到困难或者是犯错之后，先不要急于批评对方，不妨给对方一次解释的机会，给对方改正的机会，事后不要斤斤计较。只有这样才能够达到管理的目的，实现有效管理。

错就是错，千万别知错不改

在日常管理工作中，管理者犯错也是在所难免的，尤其是经验尚不丰富的初级管理者，出现失误也是再正常不过的事情。出现此类情况时，管理者应该做到区别对待，并及时地改正错误，才能不断积累经验，带领团队走向成功。

一名合格的管理者在犯过错误、失去尊严和荣誉后，总是能表现得不气馁、不堕落的姿态。优秀的管理者在错误面前能够大胆面对，并积极地改正错误，做到知难而进，重新恢复应有的尊严和价值。当然，在管理中，不难看到一些人总是沾沾自喜，犯错之后碍于面子，不敢承认，甚至破罐破摔，导致整个团队都陷入困境中。

没有人是生来就具备管理能力的，管理能力是在犯错的过程中呈螺旋式上升积淀形成的，在整个过程中，管理者犯错或者是出现失误也是在所难免的。即便是管理者出现了失误，也不要气馁或者是消极对待，应该大大方方地承认错误，并及时改正。

众所周知"失败乃成功之母"，这句话也同样适用于管理过程中，在错误中积累经验，亡羊补牢，任何时候都不会晚。

在 2011 年的时候，当时淘宝网 CEO 陆兆禧曾经向 B2B 公司和淘宝网员工发了一封公开信，目的是重申阿里巴巴的使命和远景。这件事情的根源是公司查出了 107 名供应商涉嫌欺诈，因为这件事情，当时的阿里巴巴首席执行官兼总裁卫哲、首席运营官李旭晖均引咎辞职，公司首席执行官一职由陆兆禧兼任。该事件不仅给公司带来了经济损失，同时也影响到了阿里在众多消费者心目中的地位和形象。面对如此情况，陆兆禧认为有必要重申公司的宗旨和理念，同时，他也呼吁阿里人不但要敢于面对挑战，更要敢于承认错误，并及时地改正错误。

通过这个案例不难看出阿里巴巴的高层管理者在管理过程中也曾经犯过错，面对错误他们勇于承担责任，并进行自我反省，及时地改正错误，挽回了损失和在消费者心目中的形象。或许正是有这种勇于面对错误的精神，才成就了今天的"阿里帝国"。

众所周知，在管理过程中，老板的面子就是员工的天。很多时候我们会看到一个团队的老板在犯错之后，员工还会唯老板马首是瞻。这种做法其实不利于管理层认识到自己的错误所在，更不利于改正错误。

美国田纳西银行前总经理特里曾经指出，一个人承认错误是其最大的力量源泉，因为正视错误的人将得到错误之外的东西，这就是著名的"特里法则"。在工作中，面对自己犯下的错误，企业领导者往往会因为顾及面子不愿意当众承认，甚至会有隐瞒错误的想法，而这个错误往往会成为影响企业发展的绊脚石，同时还会影响到管理者的职业生涯。"特里法则"则要求管理者能够坦诚地承认自己的错误，正视错误将会获得错误之外的收获。尤其是作为企业管理者，更应该避免出现以下几种情况：

首先，意识不到自己的错误所在。对于有些管理者来讲，并不是不想改正自己的错误，而是根本意识不到自己的错误所在，这是相当可怕的一件事情。如果看不到自己的错误所在，那么就更谈不上承认错误和改正错误了。因此，管理者要多审视自己的所作所为，多自我反思。

其次，为自己的犯错找借口。很多管理者都有逃避错误的心理，当错误不能逃避时，他们为了推卸责任，可能会出现找理由、找借口的情况。他们会想尽一切办法去找理由，为的就是让自己少承担责任。这样做不但不利于错误的改正，还会给下属留下不好的印象，甚至会让下属对管理者失去信心，不利于团队协作。

最后，改正错误之后再次犯错。无论是管理者还是普通员工，都要对自己所犯的错误进行审视，避免再次犯错，尤其是同样的错误，不能重犯。一个只懂得改正错误，不懂得汲取经验教训的管理者不是一名优秀的管理者。"一块石头将你绊倒三次"，这样的管理者怎么可能给整个团队带来正能量。犯错、改错、反思、总结，这样的处理方式才是一名聪明的管理者的作风。

错误本身并不可怕，可怕的是知错不改，古语有言："知错能改，善莫大焉。"尤其是作为团队的"领头羊"，如果你掌握不对方向，在方向性问题方面犯错，却不思改正，一错到底，可想而知，会给整个团队带来多么大的损失。一个敢于担当的领导者能够带领出一群敢于担当的下属，一个推脱责任的管理者往往会带领出一个相互推诿的团队。因此，合格的管理者就要敢于承认错误，敢于担当，为自己所犯的错误负责，只有这样才能够实现带领团队发展的最终目的。

实事求是，面子工程不可多做

众所周知，无论做人还是做事都应该做到表里如一，对于企业管理来讲，"表里如一"指的就是无论是对外还是对内都要做到统一，既要有良好的企业宣传，又要有好的企业管理。在管理过程中，我们经常会听到一个名词——内耗，在一个企业中，内耗往往是指企业中各个组成部分之间的作用相互干扰、相互冲突、相互抑制，从而促使企业工作效率降低和减弱。当企业做不到表里如一或者在实际操作过程中，做不到实事求是时，便会产生高内耗。

作为企业管理者要想降低内耗，就需要做到实事求是、政令统一，不可为了所谓的面子，在不适当的时候做出不切合实际的要求。在整个企业发展的过程中，坚持实事求是，坚决不做面子工程才能够促进企业发展。

说到面子，我们第一印象就是想到了脸面，脸是一个人最重要的外部标志。而一个人的"面子"的含义比脸要广阔多了，我们不妨理解成"形象"，每个人都重视形象，对于管理者来讲，形象十分关键，但不能为了自己的形象而忽视了团队利益。

那么作为企业管理者究竟要如何做到实事求是呢？

首先，了解团队现状。俗话说得好，要想百战百胜就要做到了解自己。对于一个管理者来讲，要对企业有一个全面的了解，包括了解企业文化、团队目标、发展现状等。只有清楚现状的管理者才能够对企业有一个正确的认知，也才能给企业一个正确的定位。当对企业的定位判断错误后，自然就做不到实事求是了。

北京的一个餐饮企业的老板姓王，他的公司成立之初只有 5 个人，当时他给自己定的目标是在 3 年之内，成为一家百人企业。在这个过程中，他很清楚自己企业的优势是什么，同时也知道自己的企业有哪些劣势，比如品牌效益差等。为了提升企业的形象和感染力，他可以将年收入的 30% 投入到广告宣传中。对企业全方位的了解，让这家餐饮企业在 3 年的时间里实现了当初制定的目标。

其次，了解团队的生存环境。优秀的管理者不仅能够做到"知己"，还能够做到"知彼"，只有了解了企业的生存环境才能对整个市场环境和企业发展趋势有正确的把握，从而确定正确的方向定位。

蛇吞象的现象在当今资本运作非常发达的全球范围内不时上演，我们可能会看到一个小企业吞并一个大企业，但这种事件的成功概率往往很小。我们以吉利李书福把北欧豪华汽车品牌沃尔沃收购为例子，其结果可以说是以失败而告终。很多时候小企业"不自量力"地吞并大企业，都是没有对外界环境进行正确的分析，从而做出了错误的决策。

再者，明确团队的发展目标。管理者要知道团队在某个阶段所面临的奋斗目标是什么，要知道不同阶段的发展思路是什么。如果不能够明确企业的发展目标，自然所做的决定也是不切合实际的。

在一家装饰工程公司刚成立不久时，公司总经理决定承包一家五星级酒店内装的项目，对于刚成立不久的企业来讲，要想实现投标成功，自然是不容易的。但是他凭借自己的执着和对团队实力的分析，经过 3 年努力，终于拿下了这个项目。这个项目的完成也促使这个企业在同行业中站稳了脚跟。

最后，善于听取下属的建议，不可独断专行。很多管理者习惯了自己做决定，下属只是被通知、接命令，这样做不是不可以，只是有时候在重大事情方面，管理者最好还是要多听取下属的建议与意见，从全方面把握和考虑，避免决策出现纰漏或者不切合实际的情况。

对于任何一名企业领导者来讲，做到实事求是并不是一件容易的事情。尤其是对于白手起家的管理者来说，他们在企业发展取得成绩之后，往往会看不清形势，甚至会狂妄自大、得意忘形，最终对企业发展的定位不够严谨。因此，管理者要戒骄戒躁，无论在什么时期，都要冷静地思考企业的发展方向和所处阶段，面子工程不能做或者说少做，减少企业管理的内耗，最终实现企业正常、有序地发展。

私心太重，团队自然不团结

俗话说得好，一个人的成就有多大，取决于他的胸怀有多大。如果作为公司的高层管理者，他的心胸狭隘，私心特重，毫无包容精神，那么他就不可能得到下属的认可和赞赏。因为这样的管理者会永远站在自己的立场上去理解和思考问题，比如，他会认定他的下属不如他，做任何决定都不会听从下属的建议，甚至会独断专行，这样势必会出现工作纰漏，从而不利于企业发展。因此，私心太重的人不适合做管理者，也不可能成为一名优秀的管理者。

私心人人都会有，但是不能事事都以自己为重，不能事事都斤斤计较。作为管理者应该认清自己的岗位职责，同时了解企业制度，遵守制度的约束。私心重的管理者，往往不会将企业制度放在心上，更不会看到私心带来的危害性。假如团队中每个人都有私心，做任何一项工作都以个人利益为重，可想而知，团队利益必然是难以实现的。

身为管理者，我们一定要有一颗公正、公平之心，正确地把握公与私的界限。俗话说："不做亏心事，不怕鬼敲门。"如果我们在管理中无论是对待下属还是对待自己都能够做到公正无私，那么，我们就很容易赢得下属的敬重。

美国著名的"钢铁大王"安德鲁·卡内基对钢铁制造和生产工艺

流程了解甚少，但是他却能成就一番伟业。原因是他在用人方面没有私心，他善于利用下属的优点，将手下的精兵强将放在适合他们的岗位上，并且充分发挥他们的斗志。他从来不会嫉妒下属的才能，更不会因为下属的某项才能超过自己而心生怨恨，正因为如此，他才获得了事业上的成功。

反观美国"汽车大王"亨利·福特和他们的子孙三代，他们在企业发展到顶峰的时候，刚愎自用、嫉贤妒能，不允许下属"威高震主"，甚至害怕为公司立下汗马功劳的人享有威望而选择辞退他们，从而导致福特公司陷入衰退。

对于管理者来讲，私心太重究竟会有怎样的危害呢？

首先，私心的根源是私欲太重。当一名管理者将个人利益放到企业管理的首要位置时，势必会造成私欲上涨，要想满足私欲自然就要有私心，这样就会出现管理者为了实现自己的利益忽视下属的利益，甚至会出现为了实现自己的利益而损害下属的利益的情况，这是极不利于团队团结协作的。

其次，私心太重不利于团队目标的实现。领导者在企业中起到模范、榜样的作用，下属的言行在很大程度上会受到企业管理者言行的影响，因此，管理者要注意自己的言行，不要将自己的"私心"传染给下属。

最后，私心太重的管理者往往不能从全局出发，只会将眼光放在自己的那点儿利益上。因此，一旦管理者私心太重便不能对工作做出权衡和平衡，往往会造成工作失误和偏差，最终影响到整个团队的发展。

　　私心太重从另一方面来讲是自私的表现，优秀的管理者无论从人品来讲还是从工作职责来讲，都不能是自私的。自私就意味着不能公平地对待下属，这往往会让管理者的威望扫地。因此，管理者要从大局出发，杜绝从个人利益出发。

　　对于很多管理者来讲，他们习惯性地将个人利益放在首位，从而忽视员工的利益和团队的利益，这样的团队往往不会得到大的发展。在管理工作中，管理者需要意识到，只有实现了团队利益才能够实现个人利益。优秀的管理者不会只将自己的眼光定位到个人利益上，而忽视团队的发展。

第七章 有效沟通，成就高效团队

世界著名的未来学家约翰·奈斯比特说："未来的竞争将是管理的竞争，竞争的焦点在于每个社会组织内部成员之间及其与外部组织的有效沟通。" 沟通是管理的灵魂所在，及时有效的沟通决定了管理的效率。

拒绝的技巧

在我们日常管理工作中，总会有不得不开口拒绝下属的情况，开口拒绝下属一怕对方说自己小气，二怕与下属关系疏远。对于很多管理者来讲，他们不懂得如何委婉地拒绝下属，这样做往往会造成与下属的关系不够融洽。其实管理者需要掌握的是拒绝的礼仪和技巧，有技巧地拒绝别人不仅能够让你的目的实现，更不会造成与下属关系生疏。

通常来讲，拒绝别人总是会产生一种内疚感。许多人在下属提出帮助的要求时，会碍于面子，不好拒绝，这是很多管理者都会遇到的问题，但是如果管理者不分任何事情，一律提供帮助的话，就会让下属形成依赖心理，从而失去工作的积极主动性。因此，合理拒绝下属是一门管理艺术。

拒绝，意味着不接受。既然是要否定下属的建议与意见，那么管理者不妨选择用委婉的语气，不要把话说绝，应该给下属留台阶下。通常情况下，生硬的语言往往会给别人在心理上造成打击。因此，管理者在决定拒绝下属的时候，一定要选择合适的语言。

通常来讲，管理者在拒绝下属的时候，往往要选择当机立断的口吻，不要含含糊糊，态度暧昧。尤其是在原则性问题上，管理者一定要让下属明白自己的态度。同时，不要给对方留有犯错的余地。

管理者要学会一些拒绝下属的语言技巧，比如拒绝别人有直接拒绝、婉言拒绝、沉默拒绝、回避拒绝等方式。

管理者可以通过直接拒绝的方式，当场讲明自己对待某项工作的态度与意见。当然，管理者应该避免话语生硬，说话难听。在运用直接拒绝来拒绝下属的时候，一定要将事情说清楚，说明拒绝对方的原因，避免造成误会，从而让下属心生芥蒂。

在一家大型商贸公司，人事部王总正在与下属小周进行沟通，下属希望王总能够给自己涨薪，理由是自己入职一年以来从未犯过错，而王总认为小周虽然在工作中没有出现过大的纰漏，但是在同级别的工资中，其工资水平最高，而且比他表现优秀的大有人在，因此，王总直接拒绝道："小周，你的工作我看到了，工作认真，但是在同级别中，你的工资最高，并且其他比你工作优秀的人也没有要求涨工资。再者，你的工作虽然没有出错，但是也没有出彩的地方，我想要给你升职加薪，理由也是不够充分的。"

王总的这种表达很直接地拒绝了对方，但是在拒绝对方的同时说出了自己的理由。这种拒绝下属要求的方式往往是能够被接受的。

在有些场合，管理者需要选择婉言的拒绝方法，即用温和曲折的语言，来表达拒绝的意思。这种表达方式比较委婉，容易被接受，同时也能照顾到下属的感受和尊严。

比如一位先生送了昂贵的项链给一位关系一般的女士。如果这位女士直接拒绝说："我不喜欢这条项链，我也不喜欢你。"那就有伤对方的自尊心。不如婉言相拒，说："它很漂亮。只不过这种样式的项链我男朋友已经给我买了两条了，你还是留着送你女朋友吧。"这么说，既暗示了自己已经"名花有主"，又提醒对方注意分寸。

在管理过程中，管理者还应该学会沉默拒绝，就是在难以回答下属的问题的时候，选择暂时中止"发言"。当下属的问题很难解决或者具有挑衅性质时，管理者不妨选择以静制动，沉默应对。这种不说"不"字的拒绝方式，常常能够产生极强的心理上的威慑力。同时，这种方式也会给下属一种暗示，让对方自己去思考自己的错误所在。

另外，回避拒绝是很多管理者常用的方式，即避实就虚。在与下属进行交流的时候，选择不说"是"，也不说"不"，只是暂且放下问题，转而讨论其他工作，避开此话题。当然，这种方式不可多用，也不可经常使用。

对于管理者来讲，可能会遇到各种各样的下属，有的下属会经常提出自己的建议与意见，有的员工会提出无理的要求。无论是因为什么事情，管理者该拒绝下属的时候一定要学会拒绝，而拒绝的技巧一定要掌握。在不伤及员工工作积极性的前提下，否定不可行的建议与不合理要求，从而实现高效工作，团结协作。

助人发展的艺术

　　每一个员工都渴望进步，每一个员工都渴望得到成长，当团队管理者给员工描绘了光辉的未来或者是创造了舒适的工作环境时，难道就能够让员工得到成长吗？其实不然，一个团队要想成长，自然离不开员工的成长。除了运用科学的管理方式，还要求管理者能够掌握管理的尺度，给员工提供发展的平台。

　　作为一个领导者，应重点关注给予员工方向而不是方法，尤其是在员工不明白自身方向性的时候，一定要帮助他。在明确方向的基础之上，给予员工一定的发展空间，让员工发挥自己的主观能动性，朝着自己的方向努力。当然，在这个过程中，员工可能会犯错，毕竟人无完人，领导者应该提前做好出错的心理准备，并给予员工充分的理解和支持，激励员工继续努力，最终实现发展的目标。

　　那么，作为团队的带领者，究竟要如何帮助下属成长呢？

　　首先，没有压力就没有动力，善于给下属施压。在团队中，不难发现有些员工总是习惯性地偷懒，对于本岗位内的事情不想做，对于岗位之外的工作更是不管不问，面对这种情况，很多管理者除了"开罚单"，无计可施。其实这种懒散的工作态度很大程度上是因为缺少工作动力和发展动力。面对这样的员工，管理者可以先结合员工自身的特点和优点进行发展前景的分析，接着给他们施加一定的工作压力。当然，这里的工作压力肯定是可控的，也是对方能够承受得起的。通过施加压力的方式激发员工的上进心，从而促进下属得到能力的提升和工作上的进步。

在一家图书出版公司，刚入职的新编辑在接到组稿任务之后，往往心惊胆战，因为经验不足或者是刚加入的原因，导致他们不敢放开手脚进行撰稿。

为了能够让新编辑尽快熟悉工作，公司制定了一套方案：资深编辑负责最终稿件的审核确定，并告诉未过试用期的新编辑，即便做得不够好也不要紧，最终稿件会由资深编辑审核确定。结果发现，几乎每次做出来的稿件都有很多问题，资深编辑开始抱怨新编辑的不负责和专业性差。随后，公司告诉新编辑，谁的稿件谁负责，资深编辑不再参与，结果却出乎意料，稿件中的问题很少，并且稿件的质量也很高。

其次，给员工树立典范。俗话说得好，想要别人做得好，必须自己先做好。想要员工有发展，那么管理者就要自己先有发展。管理者起好表率作用，成为团队的标杆型人物，这样会激发下属的工作动力，下属也会按照管理者的行为进行工作，自然，员工也就有了努力的方向和目标。

再者，要放手，更要督导员工。很多管理者口口声声说要给下属发展的空间和机会，但是却不肯放手，不肯将事情交给下属去做，员工接触到的工作永远是一些基础性的、无突破性的工作，时间久了，员工会发觉自己的工作就是周而复始的重复，根本没有新鲜感和挑战性，这自然不利于员工的自我突破。因此，管理者不妨给下属一些具有挑战性的工作，管理者可以在一旁进行督导，帮助其顺利完成，这样做的目的不仅是为了将工作顺利完成，避免出现纰漏，更是为了提升员工的自信心和成就感。

最后，管理者要培养员工的自信心。自信心是指一个人对自己的工作能力以及其他各方面的一种肯定，是自身认为自己能够做好的一种心理。自信心对于每一个人来说都是十分重要的，在实际工作中，员工只有充满自信，才能在遇到困境后不惧怕困难和挫折，勇敢向前。管理者要帮助员工更加自信，就要多鼓励下属，无论是口头上的鼓励还是其他方式的鼓励，都有助于提升员工的自信心。同时，要学会赞美和表扬下属，在下属想要投入更多的精力来提升自我的时候，管理者要学会赞扬下属。当然，管理者给予下属一定的关注度，也能够增强下属的自信心。

管理者在帮助下属成长的过程中，也能够促使自我得到成长，这主要是从多方面进行分析的：

第一，在帮助下属的过程中，会发现一些新的管理方式和管理中出现的问题。曾经一位大学教授说过："在帮助学生完成论文的过程中，让我发现了更多课题的研究思路。"这种帮助别人的过程，其实也是完善自我的过程。

第二，下属成长，整个团队也就有发展了。管理者帮助下属得到发展的目的就是为了壮大团队。员工是团队中的细胞，当所有细胞都充满力量的时候，整个团队势必也会充满力量。

一位德高望重的老企业家曾经用八个字描述自己的管理心得——软硬兼施，恩威并重。他所说的"软"与"恩"指的就是对下属的培养，当下属得到发展之后，自然就会感恩管理者的培养，从而更加忠诚地对待团队。同时，所有员工得到发展就意味着整个团队得到了突破，团队协作能力势必增强。

给员工话语权

　　任何企业要想发展，就必须有一支有凝聚力、协调力强的职工队伍，因此，作为团队的带领者必须让员工有更多的话语权，让职工心平气顺。只有这样，员工才能在工作中不抱怨，才能在团队遇到困境时，与团队同舟共济，企业才能走上和谐的康庄大道。有的管理者对员工的意见敷衍搪塞，久拖不决，久而久之，员工对企业管理者会失去信任，觉得自己提出来问题领导也不重视，也就不愿意再去反映问题和意见了。

　　时下一些企业为了给予员工话语权，会开通企业贴吧，而且会鼓励员工在贴吧里提意见，反映问题。有的企业会利用总经理信箱，鼓励员工进行意见反馈，但是很多时候，贴吧、总经理信箱只是一种摆设。为什么会出现这种状况？经过调查发现主要有以下几方面的原因：

　　第一，下属对企业管理者不信任。虽然有的企业也设立了总经理接访日、设立了员工意见箱，也公布了意见电子信箱，但员工反映的问题可能会石沉大海，根本得不到领导的重视。久而久之，员工对企业管理者失去了信任，觉得提出自己的意见也没用，反正领导也不重视。

　　第二，害怕领导打击报复。那些提出意见的员工都会有这方面的担心，他们害怕自己的意见伤害到领导的利益，从而引起领导对自己的妒忌。有的企业管理者对员工反映问题的态度不端正，认为员工是故意和自己过不去，甚至给下属"穿小鞋"，这样的管理者也是存在的。

第三，不清楚向企业管理者反映问题的渠道。有的团队管理者为了保住自己的"乌纱帽"，不愿让自己的下属提意见和反馈问题，甚至杜绝员工提意见。因此，下属无法及时地解决自己遇到的问题。

企业要发展不仅要有好的管理者，更要有一支凝聚力强的团队。首先在管理过程中要保障职工的基本权力，比如知情权，员工知情才能称之为真正的公平、平等，这样才能让员工感受到被尊重，工作中才有尊严。

其次是对下属提出的问题或意见要认真对待，能解决的及时解决，不能解决的想办法解决，如果实在无法解决的，可以向员工说明理由。

最后，要给员工一个说话的平台，当然这个平台绝对是公正的，在很多时候，不是员工没有使用话语权的平台，就是这个平台不够公平或者起不到让员工提意见的作用。

曾有一位卖鸟的老板，因为发现自己养的鹦鹉整天打架，经常打得鹦鹉毛乱飞，为此，很多买家看到羽毛杂乱的鸟，会转头就走。老板很是苦恼，他便去请教了一名资深的养鸟高手，养鸟高手告诉他一个秘诀：教会鹦鹉说话。

回到店里老板开始试着教鹦鹉学说话，效果果然不错，两个月之后鹦鹉们竟然很少打架了。他仔细观察其中的奥秘，发现原来是鹦鹉们忙着学习说话，根本没时间去理会其他鹦鹉了。

这个故事对很多管理者来讲都是有启发的，很多企业管理者可能会抱怨团队内部管理沟通不好，根本听不到员工的真心话，也不了解员工的心声。其实管理者不妨试着参照案例中的养鸟高手，可以在团队中建立一种超越层级的沟通机制，比如设立总经理信箱，但是实行这种方式，一定要有可把控的机制。曾经有一名企业家说过："我的员工都可以给我写信，但是不允许有恶意中伤的情况出现，如果有诬陷或恶意中伤的情况一定严厉处罚。"这名企业家说在实行了一段时间之后，他收到了很多来自员工的来信，也了解了很多企业的问题。通过这种方式，企业可以起到增强凝聚力，提升管理水平的目的。当然，这只是打开员工的"嘴"的一种方式。

员工作为企业的一员，有表达自己观点的权力和参与企业事务的义务。因此，作为企业的管理者不应该因为团队内部存在管理层级以及分层授权的缘故扼杀员工的话语权。很多企业不但不允许员工提出自己的意见和建议，甚至还会禁止员工对一些制度进行反抗。一意孤行的管理者往往会引起员工的不满。

另外，沟通平台的选择也很重要。很多管理者会选择运用电子信箱等方式，但是这些方式并不是适合所有企业，也不是所有的团队都适用，这要根据企业的性质和员工的知识结构来决定。比如对于一个保洁公司来讲，实行电子信箱的方式来给员工提供意见反馈的平台，恐怕是达不到管理者想要的效果的，因为其员工多半是知识水平较低的劳动者，会使用电子邮箱的还在少数。

有些管理者也希望给员工足够的话语权，但是方法不恰当也是达不到管理者想要的目的的，比如采用座谈会、茶话会、头脑风暴会等方式，一般效果不佳。很多基层员工不愿意在正式场合或者是他人面前直接表达自己的心声，或者有的员工不善于表达。因此，管理者要学会运用多种方式来了解员工的心声。

总之，团队的管理者们应该正视企业内部员工的话语权问题，同时也要学会"倾听"，至少也要让别人懂得"倾诉"。一名优秀的企业管理者要懂得聆听员工的心声，同时也要为员工提供表达心声的平台，公正、公平、透明才能让企业走得长远。

鼓励员工比指责员工更实用

　　作为企业的管理者，应该多和下属进行沟通，沟通到位不仅能够得到下属的尊重、支持，还可以让员工更好地为实现团队目标做出贡献。所以，什么样的沟通方式才能让员工感觉到舒服，并且有助于成功的实现，这是至关重要的。

　　一名优秀的管理者能够用鼓励性的语言来促进员工实现自己的目标，尤其是对于犯错的员工，其主观意识上肯定是希望将事情做好，但由于种种原因可能会出现失误或者是失败，面对这种情况，管理者不妨用鼓励的语言与员工进行交流，此时员工肯定比较内疚，如果管理者还是一味地指责员工，他们内心会变得十分痛苦。

　　对于自卑型的员工来讲，更是需要得到上级的鼓励。自卑的员工不一定是因为自己能力不够，相反，自卑的员工在得到上司的肯定和鼓励之后，往往能够快速成长。因此，面对此类员工，管理者更需要多鼓励。

　　对于新员工来讲，因为刚刚进入到一个新的工作环境中，对团队还未建立很强的归属感，对同事和上级的管理还不够了解。此时，新员工十分在意自己的表现和在领导眼中的形象，往往会表现得小心翼翼，害怕犯错。面对此类新员工，管理者要对他们的错误表现出宽容的态度，多引导和鼓励对方。这样做不仅有助于加深他们对团队的认可，同时也可以帮助他们很快地融入团队中，适应当下的工作环境。

在浙江有一个五金零部件制造厂，其老板姓李，他的工厂从2010年开业，至今一直生意都很好。有人问他是怎样和员工进行沟通的，他讲述了自己的亲身故事："我曾经招聘了一名刚刚步入社会的小伙子来工厂做产品检验工作。经过两周培训之后，便让他上岗了，他工作特别用心，也相当认真，但是检出率还是不尽如人意。开始的时候，车间主任找他谈话，指责他的工作不合格，还让他将产品重新检查一遍，检查到合格才允许他下班。这样经过了一周，小伙子实在熬不住了，他找到我，说要辞职，我当然不想让他辞职，因为两周的培训花费了大量的心血。我让他自己分析检出率低的原因，无非是没有经验，再就是刚从事这项工作，对标准还不能熟记于心。之后，我鼓励他说刚开始做能够达到50%的检出率就不错了，经过一番鼓励之后，他不再要求辞职。此时，我又将车间主任叫到办公室，当着小伙子的面对车间主任说，只要他在一个月内检出率能够达到80%，就可以给予他奖励。就这样，三个月之后这个小伙子的检出率竟然能达到95%以上，现如今，他已经被我提拔成副厂长。"

很显然，李老板意识到对待新员工不应该急于指责对方，更应该多给予新员工自信，增强其自信心，这样不仅能够促使新员工自我提升，还有助于团队留住人才。那么，管理者在与下属沟通的过程中，多鼓励少指责，究竟要注意哪些方面的问题呢？

首先，鼓励不仅仅是一种沟通方式，也是一种激励方式。对于很多团队来讲，不应该将鼓励单纯停留在口头上，也可以进行实质性的鼓励。比如有些公司为了避免人才流失，会制定工作五年后可获得公司的股权的制度等。这些制度本身就是一种鼓励措施。

其次，鼓励不仅要讲究方法，更要适度。管理者要鼓励下属，这并不意味着可以纵容下属。对于管理者来讲，要适当地鼓励下属，在一些原则性问题上，该强硬就要强硬，不要因为害怕与下属的关系不够融洽而"不舍得"指责下属。无论是鼓励还是指责，都要掌握一定的度，不可过之，也不可缺少。

最后，管理者要掌握适当的鼓励性语言。"虽然你这次做得不够出色，但是我相信你有这个能力""我希望你能够做得更好，不要只是将眼光停留在眼前""你刚加入咱们团队，不熟悉的东西还很多，等你熟悉之后会做得得心应手"……这些鼓励性的语言，管理者要多掌握，比如在员工犯错之后，怎么进行鼓励，面对新员工的工作究竟要如何表达。鼓励性的语言本身就是沟通过程中不可或缺的一部分。

管理不是指责、批评、约束的代名词，其中还包括鼓励、赞扬、适度的内容。因此，管理者要想获得一支高战斗力的团队，就要运用多种方式来达到促进团队协作的目的。多鼓励下属，不仅能够激发下属的主观能动性，同时也能够让下属感受到来自上级的信任和支持，从而更加愿意为团队付出自己的辛劳。

聆听，让沟通更顺畅

　　上帝给了所有人一张嘴，两只耳朵，其实也就是告诉我们要少说多听。对于管理者来讲，聆听也意味着慎言，避免流言。作为一个团队的领导者，耐心倾听下属的讲话不仅是对下属的尊重，更是有效的沟通方式。换位思考一下，如果有人愿意认真地聆听你讲话，你是否也会感受到被尊重和被重视呢？

　　企业家玫琳凯·艾施说过："倾听员工的意见之后，我们才得以推出真正能够满足顾客需要的产品。"由此可见，玫琳凯化妆品公司的发展是离不开认真聆听员工心声的。

　　有一家化妆品公司在成立之初，为了能够迅猛吸引消费者，占有国内市场，他们不惜花重金打广告、做宣传，但是最终的效果都不佳。随后管理层开始研究国外一些大型的化妆品公司的发展历程，他们发现，在大的化妆品公司每次推出一款化妆品之前，都会免费发放给公司内部员工，并鼓励他们在使用之后提出自己的意见和建议。公司会根据员工的建议和心声，对化妆品进行一系列的改进后再推向市场。自然，消费者的反馈也很好。

　　由此可见，作为团队的管理者想要促使团队得到发展，就要耐心地聆听下属的建议与心声，尊重下属的话语权，这样之后，管理者才能得到更多的收获。当然，聆听不仅仅是保持沉默，更多的是能够从员工的话语中捕捉到有价值的信息。在聆听的过程中，管理者不仅要从表情和语言上表示自己在认真聆听，同时也可以结合微笑、坐姿等方式来达到消除心理隔阂、鼓励对方交谈的目的。

在古代某国，外国使节送给一个国王三个相同的泥娃娃作为见面礼，外国使者并没有那么友好，他出了一道难题：三个娃娃从外表来看是一模一样的，就连重量都是相等的，但是只有一个最贵重，他问国王能否知晓是哪一个？国王和大臣们都很茫然，根本不知道是哪个。

正当那位外国使者得意的时候，长相英俊的王子走上前，禀告国王说他知道哪个最贵重。说完他从自己的口袋中取出一根金黄色的发丝，插进娃娃的耳朵里，头发丝从第一个娃娃的一只耳朵进去，从另一只耳朵出来了；他又将头发丝插进第二个娃娃的耳朵里，却从嘴里出来了；最后，他将头发丝插进第三个娃娃的耳朵里，头发丝却没有露出来。

于是，英俊的王子说第三个最珍贵，他看到国王露出诧异的表情，便解释道："这就好比人，第一个人左耳朵进，右耳朵出，根本听不进去别人说的话；第二个人一只耳朵进去，却从嘴里说了出来，未必能够铭记在心；第三个人懂得聆听，并且能够铭记在心。"在场的大臣和国王都恍然大悟，外国使者也对王子佩服不已。

通过这个故事不难看出，一个会说话的人，未必是一个好的听众。而一个好的聆听者往往能够记住别人说的有价值的信息，从而成为一个懂得说话的人。作为企业管理者，不要一味地说，更要学会多听，认真地聆听下属的心声，在聆听的过程中，要注意以下几方面的问题：

第一，要学会体察下属的感受。你感觉到的要比你的思想更能引导自身的行为，要让员工感受到你是了解他的感受的，只有这样才能够达到聆听的效果，否则员工越讲越没有动力。

第二，要注意反馈。聆听下属的心声时，要注意信息的反馈，及时查验自己是否了解对方，无论是语言上的反馈还是表情上的反馈，都要让下属了解到作为管理者的你是在认真地聆听他的观点和意见的。

第三，克服以自我为中心的缺点。在员工表露自己心声的时候，作为管理者应该尽量保持沉默，不要总是谈论自己，更不要只是站在自己的角度与下属进行交谈，这样往往会打消下属的交谈主动性。

第四，禁止打断下属的讲话。无论是谁，插话和打断别人的讲话都是不礼貌的，因此，在下属表达自己思想的时候，无论他说的是对是错，都要让下属在表达完毕之后再进行自我观点的阐述，千万不要随便打断下属的讲话。

第五，保持冷静、理智。下属在表达自己思想的过程中，可能某些语言会触碰到管理者的思想，甚至会和管理者的思想出现分歧。因此，在这个过程中，管理者要控制好自己的情绪，不要急于发表自己的观点，更不要将精力放在思考怎样反驳下属上。管理者要懂得换位思考，从下属的角度去考虑他所说的问题和提出的建议，只有这样才能充分了解下属提出自己建议的目的是什么。

管理如一片大海，聆听便是一叶扁舟。管理者要敢于聆听下属的心声，要鼓励下属表达自己的心声。通过聆听的过程，管理者不仅表达了对下属的尊重和重视，还能够收获更多的信息和发现管理中的问题，从而完善管理制度，实现有效管理。

聆听是高效沟通的一种途径，管理者要善于利用这种途径，打开下属的"话匣子"，让员工多说，管理者要做的就是静静地、认真地听下属要表达的意思，从下属的口中了解到更多的信息，从而对团队现状进行分析，做出更为正确的目标定位。

让好下属参与管理工作

　　无论是什么样的团队，总是难以避免被更好的竞争对手挖走一些人才。然而，很多被管理者视做人才的人很容易被挖走，最根本的原因可能就在于很多公司只是在嘴上承认优秀员工的重要性，但从他们对待员工的实际方式上，却看不到任何员工被重视的表现。这就意味着优秀的员工得不到参与企业管理的机会，参与感不强，导致他们选择离开。那些能够留住优秀员工的企业，对待优秀的下属就如同是对待宝贵的合作伙伴一样。提升优秀下属的参与感，不仅能够留住人才，还能够让人才最大限度地发挥自身的价值。

　　管理者要学会让优秀的员工融入企业中，首先，管理者应该坦诚地与员工沟通，让优秀的员工了解团队的一些重大决策，并让其知道如此决策的原因。其次，给优秀的下属提供机会参与到重大决策中，无论是怎样的方式，只要员工参与就能够增强其参与感。最后，给予下属一定的权力，让下属方便工作的操作。

　　我曾经了解到一家普通的科技公司，其设计部员工一年竟然只有两次与总经理沟通的机会，每次时间不超过 10 分钟。他们每天除了本职工作之外，对于公司的发展策略和方向一概不知。

　　可想而知，这样的企业怎么可能了解到员工的心声！员工又怎么可能知道自己的舞台有多大？因此，管理者要做的就是用多种方式体现对员工的支持，同时，让表现优秀的员工了解公司的制度和方针，提升优秀员工的参与感和自豪感，从而实现高效管理。

不难发现，优秀的员工渴望挑战自我，在一家员工参与感不强的公司，在工作分配方面往往是根据公司的需求来定的，而一家能够留住优秀人才的公司，会花费更多的精力将员工的热情和激情与工作关联起来，鼓励员工寻求更好的发展。

京东商城的创始人、董事局主席兼首席执行官刘强东十分注重员工的参与感，也很注重与员工的沟通，每逢重要节日，都会宴请下属。不仅会了解下属的生活状况，还会将企业的发展方向和近期的发展目标进行公布，目的就是提升员工的参与感，让员工知道他们的舞台有多大。或许正是因为刘强东注重员工的参与，才有了今天的"京东帝国"。

管理者要让员工参与管理，其实方式有很多种，最主要的几种形式如下：

第一，分享决策权。在管理者工作变得越来越复杂的时候，他们往往没有太多的机会了解员工工作的全部内容，所以会选择了解工作的人来参与决策，这样做能够让决策变得更加完善。因为下属比较了解决策的具体内容，所以共同参与决策还可以增加对决策的承诺感，如果下属参与了决策的过程，必然会对决策的实施更加的上心。

第二，选代表参与。这就是典型的促使员工参与到管理过程中的方式之一，尤其是对于大的企业来讲，员工人数众多，在重大决策和战略性工作开展之前，需要了解"民意"，这个时候就需要优秀的员工作为代表，参加制定决策和发展战略部署。

对于管理者来讲，我们要做的不仅仅是让员工踏踏实实地完成本岗位的工作，如果一个团队要发展，那么团队中的每一位员工都要有发展。也就是说，员工需要团队提供好的发展平台，了解企业的发展思路，只有这样员工才会更好地融入企业中。那么在提升员工的参与感的过程中，管理者应该注意什么呢？我们不妨通过下面这个案例进行了解：

一家物流企业每个月都会召开一次全员大会，会议上总经理会对一个月的工作指标的完成情况进行宣布与分析，同时也会给员工描述未来一个月要做的事情，每次一开会就是半天工夫。最终，管理层在全体会议上实在不知道有什么能与员工分享的。

这种流于形式的全体大会一般是起不到促使员工参与的效果的，这只是管理者自我感觉提升了员工参与感的一种信息输出形式，而实际上很多基层员工是不会对管理者的语言有多大兴趣的。因此，在下属参与管理工作方面，应该避免流于形式。

管理者需要重视员工的情绪，也需要给予优秀员工以发展平台和机会。因此，管理者不妨用多种形式来让员工参与到公司管理的过程中，挖掘员工的管理智慧，让优秀员工成为团队的核心力量。

直线沟通，讲究沟通效率

　　美国著名的未来学家约翰·奈斯比特曾说过："未来的竞争将是管理的竞争，竞争的焦点在于每个社会组织内部成员之间及其与外部组织的有效沟通。"不可否认，沟通是管理的灵魂所在，及时有效的沟通可以提高管理的效率，而直线沟通在很多时候能够达到高效沟通的目的。

　　在日常工作中，通过有效的沟通，管理者完全可以将自己的构想、使命和期望等信息传递给下属，以更有效地实现管理职能，达到协调团队成员行为的目的。

　　在现如今的管理过程中，管理者很重视有效沟通的作用。当然，要想实现有效沟通并不是一件容易的事情，需要管理者花费大量的心血和精力。对于管理者来讲，直线沟通的机制比较简单、快速、沟通对象也很明确，其效率往往是一般沟通方式所达不到的。那么在现今的企业管理中，通过直线沟通实现有效沟通究竟对管理有何好处？

　　首先，可以将下属与团队的目标和任务确定下来。在任何一个企业，员工都应该了解企业的任务和目标，管理者通过直接与下属进行沟通，让自己制定的团队目标和任务确切地传达给下属，从而减少信息在传播过程中出现的误差，从而统一员工的思想，实现高效沟通的同时也能够实现相互协作。

　　其次，可以方便收集资料与分享信息，实现科学管理。商场如战场，竞争会日益激烈，任何一个团队要想实现发展目标，就要尽量全面地去了解信息，收集同行业竞争对手的信息，从而做出科学的决策，只有这样才能在不断变化的经济环境中立于不败之地。通过直线沟通，实现高效沟通，不仅可以促使企业了解到内部员工的思想动态，还能收集到消费市场的动态信息，帮助管理者做出政策调整，以适应外部环境的变化。同时，管理者的科学管理离不开高效沟通，人与人之间信任的建立，离不开沟通的力量，而直线沟通，不仅能够减少不必要的中间环节，还能够促使管理者与员工之间产生直接情感，最终实现科学管理。

最后，直线沟通能够改善企业的人际关系。在团队中，无论是部门与部门之间，还是管理者与下属之间，进行直线沟通产生的有效沟通都是支撑其相互协作的重要因素。在现实管理过程中，一些企业存在人与人之间关系紧张、管理者与下属意见不合的现象，究其原因，无非是缺乏有效沟通或者沟通不畅所致。一个团队中，如果信息沟通渠道不畅通，员工很容易产生压抑、郁闷的心理。这样，不仅影响员工的工作状态，还将严重影响企业的正常生产，降低企业的效率。因此，一个企业若想要顺利发展，提高管理效能，就必须要实现高效沟通。

沟通本身是一种手段，目的是交流信息，提高效率。在进行直线沟通的过程中，管理者应该注意，当下属向你表露自己的观点时，一定要耐心倾听，明白下属的意图是什么，切不可主观臆断或者自以为是。沟通本身就是在交换意见和交流思想，不是发泄的方式，也不是"瞎聊"，而是为了"求同存异"，是为了实现高效管理。

北京一家建筑装饰公司成立于2015年，但在短短的几年时间内，已经发展成为同行业中小有名气的公司，究其原因，我们不妨从其办公区域的一角说起。

在这家公司，有一间向阳，视野开阔的沟通室。这间沟通室的设计像极了咖啡屋，给人一种舒适、温馨的感觉。当我第一次看到这间沟通室时，我以为走错了地方，一般公司是很少有单独的沟通室的。逐渐与这家公司的总经理高总熟识之后，我才了解到他建立沟通室的目的。"在这间屋子里，任何人都可以找我进行沟通，可以是工作，也可以是生活。在我的办公室，员工会感觉到压抑，我之所以打造一间温馨的沟通室，是希望在比较休闲的环境中，给员工一个与我面对面进行沟通的机会。当然，员工也可以和他的直属上司来这里进行工作沟通。"王总这样说道，"在这间沟通室里，我们完成了促使公司在同行业树立好口碑的Z项目的设计方案。"

可想而知，这家公司之所以能够迅猛发展，肯定离不开其内部高效的直线沟通。任何一家企业都需要建立一个直线沟通的渠道，给下属充足的机会与管理者进行沟通，这种沟通必然是面对面的沟通，同时也是一种直接表达自己思想的沟通。当直线沟通做到位时，团队内部才能够实现有效管理。

人与人之间需要交流与沟通，而在企业中，高效沟通不仅能够减少内耗，更能够让企业运作更加顺畅。直线沟通是高效沟通中效果最为显著的一种沟通方式，管理者需要做的就是给员工一个可以实现直线沟通的环境，同时，让下属可以通过这种沟通方式实现自我目标与团队目标的统一。很多时候，管理者对下属的思想不够了解，正是因为直线沟通的渠道没有建立。优秀的管理者能够通过直线沟通，达到事半功倍的沟通效果，最终实现高效管理的目的。

重视员工的抱怨，别听而不闻

　　通常而言，管理者都会关注顾客的意见，但是往往会忽略员工的意见和态度。因为从管理者的潜意识中，认为"顾客是上帝"，不能忽视顾客的意见和态度。但是从管理的角度来讲，员工是企业的力量支柱，如果将员工的抱怨置之不理，势必会造成管理上的被动。

　　通过了解不难看出，员工的抱怨分为两种，一种是对顾客或客户的抱怨，一种是对企业和管理者的抱怨。员工对顾客的抱怨往往是揭示企业与客户之间存在问题的最佳途径，毕竟员工与顾客接触得比较多，他们十分了解顾客的心声，在很大程度上，员工的反映往往是顾客的直接反映。而员工对企业或管理者的抱怨，能够反映出企业的管理问题。很多管理者认为员工对企业的抱怨纯属是个人情绪和个人私欲的一种发泄，没有聆听的价值。其实不然，员工的抱怨并非一无是处，管理者应该从员工的抱怨声中抓住重点，进行分析，从而抓住问题的要害，最终实现有效的管理。

　　海尔集团的管理成为业内很多企业的效仿对象，每一位新员工在进入海尔之后，都会得到一张"合理化建议卡"，无论有什么想法和意见，都可以通过这张建议卡进行反馈，即便是制度和管理上的问题，也可以通过这种方式进行反馈。如果建议合理，海尔会立刻采纳，并实施推广，而是对提出意见的员工进行物质和精神和双重奖励。而对于不适用或者说不科学的建议，也会给予积极地反馈，这样做是为了让员工知道自己的心声已经被领导知晓，让员工感受到被尊重。

在任何一个团队中，管理者都很有必要通过员工的抱怨来进行对公司的全面了解，尤其是当一名新员工刚进入团队时，他们对一切都会感到陌生，特别是看到企业的组织结构图，不知道何年何月才能走上自己期望的管理岗位时，他的内心会觉得很迷茫。如果能够让其通过某种方式得到来自金字塔顶端的反馈，他们在工作中会充满斗志。

高明的管理者很乐于倾听下属的抱怨，这样做不仅仅是为了让下属发泄情绪，更重要的是希望下属通过情绪发泄之后能够更好地投入到工作中，而管理者从中能够了解到更多的管理问题和企业问题。

一家房地产上市企业，在 2016 年的时候更换了 CEO，新任 CEO 做的第一件事就是在内部社交网站上发布了自己的心声，他不但表达了自己能够担任 CEO 的心情，更表明希望更多地了解员工的心声。

消息一发，员工开始积极地进行评论，而新任 CEO 也开始和员工进行互动，员工惊喜地发现，是 CEO 在和自己进行互动，而不是他的秘书代劳。这对工作在一线的员工来讲，意义十分重大，因为他们一起抱怨和期望解决的问题在和 CEO 交流之后得到了解决。

对于任何一个企业来讲，让员工感受到自己的抱怨得到了上级的重视，这本身就是一种鼓励。因为在很多时候管理者很难有时间去了解每一位下属的心声，但是这并不代表下属对待管理者和企业没有抱怨。而管理者要想很好地聆听下属的抱怨，就必须注意以下几方面：

首先，对于员工的抱怨要给予反馈。员工的抱怨并非都是可取的，甚至有些员工会提出无理的要求，无论对待怎样的员工和怎样的要求，管理者都要积极地给予反馈，让下属知道自己已经了解了他的心思。

如果抱怨不合理，管理者可以给出解释和理由，如果员工的抱怨合理，管理者要重视起来，尽快解决员工的问题。

其次，对于短时间无法解决的抱怨，管理者可以告知员工具体的解决时间。在很多时候，员工提出自己的抱怨不是一时半会儿能够解决的，面对这样的员工，管理者也要给对方积极的信号，告诉员工解决问题的步骤和达成目标的时间段。

最后，通过员工的抱怨揭露出本质性的问题。当一个员工提出员工食堂的饭菜不可口时，可能只是饭菜众口难调的问题，可当百分之三十的员工都有这样的抱怨时，那就是厨师的问题了，甚至是员工餐厅的管理问题。管理者要能够通过员工的抱怨分析出本质性的问题，只有这样才能够从源头上减少员工的抱怨。透过现象看到本质，这是管理者了解员工抱怨的根本目的。不要单纯为了了解员工的抱怨而去聆听，要能够通过现象挖掘出本质性问题。

在任何一个团队，都很难保证没有员工会抱怨，无论是制度还是管理，员工不满才会产生抱怨。当面对员工的抱怨声时，管理者不要充耳不闻，更不要掩耳盗铃。只有主动地面对，积极地应对，才能够减少员工的不满，最终实现管理上的高效。当然，员工的抱怨并非全部可取，这就要求管理者能够对抱怨声进行分析，最终合理化解决问题。

及时沟通，不逃避问题

对于企业来讲，提升员工的凝聚力是促使企业发展的关键。凝聚力强，表明企业对成员的吸引力强，而团队凝聚力的提升很大程度上来自于沟通。管理者通过与下属的沟通，可以及时发现问题、解决问题，因此，及时有效的沟通可以增强员工的凝聚力。

在管理界，管理者都很熟悉"蝴蝶效应"，即在初始条件下，微小的变化往往能够带动整个系统的巨大的连锁反应。比如开始是一个小的问题没有得到重视和解决，逐渐发展成了一个大问题。因此，在管理过程中，不要躲避问题，发现问题要及时沟通，避免问题扩大化。

在管理岗位上，更应该注重沟通。沟通也需要因人而异，每个人的思想情感不同，这就决定着管理者所应采取的沟通方法不同，俗话说得好，只有"对症下药"才能做到"药到病除"。

那么，在管理过程中，究竟要如何做到及时沟通呢？

首先，提高管理者的思想认识。管理者需要提高对沟通重要性的认识，不要认为在企业中只有自己的思想是最科学的，更不要觉得下属的能力都不如自己。要知道平等的交流是良好、有效沟通的基础，沟通只有建立在平等基础上，才能够起到较好的效果。管理者在面对下属的意见和建议时，要做到理性、尊重、信任下属。当遇到问题时，管理者不要主观臆断，要真正实现双向沟通，既自上而下，又有自下而上的交流方式。另外在沟通的过程中，要提前做好准备，管理者在沟通之前，要清楚沟通的目的是什么，沟通的目标是什么，只有这样才能实现沟通的目的。同时要鼓励参与人员进行相关资料的收集，给员工提供一个良好的沟通环境，这样才能实现及时沟通，高效沟通。

其次，整合沟通渠道。管理者要对已经实行的沟通渠道进行整合和调整，删除不适用、不合理的沟通渠道，建立及时性强、合理性强的沟通方式。同时应该对各个渠道的优劣势进行分析，做到优势互补，实现沟通的目标。当然，在整个团队的沟通渠道整合的过程中，管理者应注重以下几个方面：第一，系统原则。尽量建立系统的沟通网，注意沟通的速度和时间控制。第二，公开性原则。要求管理者在管理沟通的过程中，除非是机密事情之外，要保证公开透明，让员工了解沟通效果和沟通的结果，这样能激发员工与管理者进行沟通的欲望，从而实现沟通的合理化。第三，时效性原则。在沟通过程中，既要节约时间，又要提高效率，因此，要选择和采用最短的路径，以最快速度进行沟通。第四，完整性原则。从沟通的过程来看，及时沟通要保证沟通的完整性，不但要对信息掌握完整，还要求意见反馈也要完整。

最后，沟通一次到位。很多管理者虽然实现了及时沟通，但是在沟通的过程中，不能做到沟通一次到位，而是为了一件事情，重复与下属进行沟通。这样的沟通往往是低效的，因此，在管理过程中，要注意将该解决的问题一次性解决完整，不要为了一件事情来和下属重复进行商议。另一方面，员工在解决问题时，也要做到一次到位，不要留尾巴或者是拖泥带水，这都不属于高效管理的表现。

我曾经服务于一家外语培训机构，其老板姓那，邢总每天的工作很简单，除了一些事务外，他每天必做的事情，就是坐在办公室与下属"聊天"。

每天下午三点之后，员工会主动进入他的办公室，面对面与他进行交流。"我规定每天下午三点之后，不接待客户，只接待员工。因为我需要了解员工的想法和遇到的问题，每日事，每日毕。我不想在员工遇到问题之后，将事情推延。"邢总说道。

对于很多管理者来讲，他们不会太过重视员工遇到的小问题，但失败往往是由小问题引起的，有效及时的沟通能够促进小问题的解决，避免引发严重的失误。及时沟通是管理者发现问题的途径，更是拉近与员工距离的方法。

第八章　避免团队失败，做团队的掌舵人

　　一个成功的团队必须有明确的发展方向和目标。工作目标往往决定着这个团队是否具有凝聚力，一个没有目标的团队，就如同无头苍蝇，只能是乱飞乱窜。

团队发展方向，必须由你把控

　　一个成功的团队，一定是一个工作型、学习型、创新型、团结型、向上型的团队。同时这个团队有着明确的发展方向和目标。对于整个团队来讲，工作目标往往决定着这个团队是否具有凝聚力，而一个没有目标的团队，就如同无头苍蝇，只能是乱飞乱窜。

　　在一个团队中管理者必须承担"掌舵人"的身份，学会带领团队，给团队确定发展方向和目标。管理者可以将琐碎的事务委派给下属，但唯独团队的发展方向，是无法进行授权的，因为只有团队带领者才明白团队的发展方向是什么。

　　领导者不仅要做团队的带领者，更要做团队的把控者，在整个发展的过程中，一旦发现有人偏离团队发展的方向，就应该及时采取措施。那么作为团队的"掌舵者"，究竟在把握团队方向方面应注意哪些问题呢？

　　第一，团队发展方向要与团队目标保持一致。在管理过程中，不乏目标与发展方向不一致的情况。比如浙江一家制造企业，其目标是希望通过迅速发展，成为浙江省制造业龙头企业，但是在发展过程中，又将利润看得太重，忽视技术研发，导致企业只能是走薄利多销的策略，然而薄利多销必然就无法实现迅速扩展企业的目的。

第二，团队发展方向不要随意更改。方向性的东西，往往属于一个大的目标，是需要经过长时间努力才能实现的，而非一朝一夕的事情。因此，在确立方向之后，就不要轻易改变方向，懂得坚持的力量。如果团队奋斗方向随意改变，往往会混淆团队成员的思想意识，从而达不到提升团队凝聚力的作用。

第三，一旦确定团队发展方向，就要集中精力全力以赴。每个目标的实现都不可能是轻而易举的，在这个过程中，需要付出大量的脑力和体力，作为团队管理者要有坚强的意志，坚定不移地朝着目标方向前进。在这个过程中可能会遇到很多困难，这就要求管理者能够想尽办法克服困境，激发团队的凝聚力，从而实现目标。

第四，方向要具有统一性。对于整个团队的成员来讲，之所以会加入到某个团队或企业中，往往都是认可了团队的发展目标和方向的。因此，管理者指定的团队发展方向一定要具备一致性的原则，要与团队其他成员的目的一致，只有这样，团队成员才会心甘情愿地付出自己的脑力与精力。

一家五星级度假酒店在刚开业的半年时间里，就做到了盈利，这在国内是为数不多的。当其他新开业的酒店管理者问及具体原因的时候，这家五星级度假酒店的管理者说道："在刚开业的那段时间，我们的确是月月亏损的，这和刚开业有关，但是我们不认为这个原因就可以成为我们亏损的借口。"

我通过了解发现，这家度假型酒店总经理为全酒店人员制定了一个销售目标，除了专门负责销售的人员之外，其他所有在岗人员都需要担任销售任务，如果能够完成销售任务则会奖励现金，如果完不成任务也不会扣钱，只是会累加到第二个月份中，依照这个制度，酒店全体员工都成了"销售员"。

在一次酒店行业的聚会中，有人问这家五星级酒店的老总，他这种全员营销的方式是不是有不妥的地方，员工是否会抱怨？他的回答是："我会告诉员工，只有我们有了业绩才可能涨工资，增加福利，员工和我们管理层的目的和愿望都是一致的，所以员工的抱怨会很少。"

通过这个案例不难看出，一个成功的管理者往往能够为所有成员明确发展目标，同时，在明确发展目标之后，会本着"一荣俱荣，一损俱损"的原则来进行目标的宣讲。这种在团队员工心中进行方向的扩散的方法，能够提升团队凝聚力。

那么在管理过程中，如何把握团队的发展方向呢？

首先，管理者要懂得哪些权力不能下放。对于管理者来讲，有的权力可以下放，而有的权力是不能下放的。区别哪些权力可以下放，不妨从以下几点考虑：涉及团队生死存亡的决定是不能下放权力的。比如通过某个项目的完成可以迅速扩大团队。涉及重点客户的权力。比如对于服务行业，涉及 VIP 客户权益的一些权力是不能让下属代为完成的。

其次，对于下放的权力要进行定期检查，在检查过程中，如果发现有违背团队发展方向的措施则应该及时更正。比如，如果产品定位是高端人群，那么在销售的过程中，就不能打价格战，如果市场营销部对产品定位为中档人群，自然会造成整个产品体系的定位失误。

最后，当发现指定的团队发展方向不合时宜时，应该大胆地更换。一个企业的发展目标可能是几年前制定的，而随着社会迅速的发展，目标可能已经不太适合当今社会的发展形式。在这种情况下，管理者就应该重新制定发展方向，避免团队走上失败之路。

一名优秀的管理者能够利用自己手中的权力，提升团队的凝聚力。一个成功的团队往往具有统一的目标，团队中的每个人都会朝着目标去努力。管理者在授权的时候，一定要分清楚哪些权力可以下放，哪些权力必须自己掌控，只有这样才能避免团队的失败。

培养新人，为团队增添新鲜血液

在当今竞争如此激烈的社会中，毫无疑问，人才已经成为竞争的关键。对于团队带领者来讲，他们通常希望团队中多一些优秀的老员工，同时进入一些年轻有活力的新员工。在任何一个团队中，都不乏这种"新旧"更替的现象，这种对新员工的培养使团队能够更加充满活力。

有很多管理者，他们不希望培养新人，宁可用一些老人，也不愿意在新人培养方面花太多的精力，这主要是由新人的几点特质造成的：

第一，新人稳定性较差。对于新加入团队的员工来讲，一般都会有一个试用期，试用期就是一个双向考量的时期，员工有权利选择加不加入团队，因此新员工的稳定性较差。

第二，对企业文化熟识度不够。刚进入公司的人肯定没有老员工对公司文化与企业特点了解得多，这就注定了新人的劣势。

第三，培养新人的成本远远高于对老员工的培养。老员工在团队中工作时间长了，自然而然会对企业的一些规章制度等有所了解；而新员工则不同，他们踏入企业就如同踏入了一个陌生的领域，需要一点一滴地进行学习和积累。这就要求企业花更多的财力物力对新人进行培养，自然会加大企业的成本投入。

那么作为管理者，是否应该因为培养新人需要更多的人力和物力而放弃引进新鲜血液呢？其实，对于新人的培养是十分有必要的。

首先，新人的可塑性比较强。对于新员工来讲，正是因为进入团队的时间比较晚，所以他不会受到团队中一些不良因素的影响，管理者只要对其进行正确引导和塑造，便能够达到很好的工作效果，这点是老员工无法比拟的。

其次，新员工只要符合企业的要求，往往会有某方面的特长。作为企业管理者可以将其特长扩大化，做到"取长补短"，实现完善团队的目的。从这方面来讲，对新员工的培养不仅有助于提升团队凝聚力，还有助于提升团队工作效率。

最后，培养新人能够激发老员工的斗志。在一个团队中工作时间久了，很多人会产生疲惫心理，对自己的工作可能没有了新鲜感，工作过程中也就没有了创造力。从这点来讲，新员工的加入不仅能够激发老员工的创新思维，也有助于将新员工的新思维带到团队中，供老员工学习借鉴。

威尔逊是一家英国科技公司的市场部负责人，他的第一份工作是在这家科技公司从事营销工作。在他刚进入这家公司的时候，对一切都感到十分陌生，经过在公司的认真工作，五年的时间过去，他成了这家公司市场部的负责人。

威尔逊回忆说，在他刚进入这家公司的时候，人事部的同事先是告诉了他工作地点周围的环境，又有专人带领他去吃午餐，甚至坐车回家的路线，都会提前发到他的手机上，这让他没有任何的陌生感。除此之外，当时的市场部经理在他任职的第三天就给他发放了一部手机，专门用于开拓客户。"我不敢相信在我刚进入这家公司的第三天，我就享受到和其他市场部员工一样的待遇。"威尔逊回忆道，"不仅仅是因为这些，更重要的是我的上级麦克对我的关照。在我刚进入市场部工作的第一周，麦克就开始带领我去见客户，要知道见的都是他的客户。他竟然对我没有一丝丝的防备，还会将拜访客户时应该注意的问题告诉我。可以说如果不是麦克，我不会有现在的成绩。"

通过威尔逊的亲身经历，可以看出一个管理者在培养新员工上花费的精力往往能够得到新员工更多的回报，威尔逊用他的成长回报了麦克。当然，不同的企业类型，需要不同的培养新人的方式和手段。那么对于管理者来讲，要想达到快速培养新人的目的，究竟要从哪几方面着手呢？

第一，对于新员工来讲，要给予其适当的职业过渡期。无论是刚踏入社会的新人，还是刚从其他企业跳槽过来的新同事，都需要一段时间来适应新的环境、新的工作、新的同事，因此，管理者应该给对方一定的过渡期，避免对方出现不适应的情况。

第二，对于刚加入团队的新人，企业需要进行专业的培训指导，让对方在最短的时间里了解企业文化，熟悉企业目标和宗旨。同时，应该给予其一定的关怀，这样能够让其更快地适应周围的环境和人。

第三，适当地给予一定的奖励。对于新人来讲，刚进入团队，如果在此期间能够做到和老员工一样的工作效果，那么不妨给予一定的奖励，这样做是为了激励新员工更加认真地工作。在北京一家餐饮服务企业有一个不成文的规定：新入职不足两个月的员工，如果在工作中服务水准和饭桌率不低于一年以上的老员工，那么公司会给予新员工 500 元的奖金，以此作为鼓励。因此，在这家餐饮企业，人员流动率很低。

一个好的团队，必然是需要有新鲜血液填充进去的。这样做不仅仅是为了人员"更新"，更重要的是为了提升团队的工作效率和适应能力，在瞬息万变的社会发展大潮中，让团队立于不败之地。从另一方面来讲，新员工的加入也能够促使老员工更主动地去学习新鲜事物，避免思想陷入套路中无法自拔。

一名优秀的管理者，不仅要善于发现团队中的人才，更要学会将新人培养成适合团队需要的人才。对于新入职的员工来讲，他们最希望得到的就是专业的培训和老员工的带领，在这方面管理者应该给予满足。当新员工对团队熟悉之后，他会用自身的活力感染团队中的其他人，从而让团队充满活力。

汲取经验教训，让成功更易实现

名言有云"失败是成功之母"。为何会有此感悟，恐怕正是因为在做任何事情的过程中，都可能会遇到困难，失败的尝试也是经常发生的。而要想让失败不再发生，就需要对失败的教训进行总结与分析，从而形成属于自己的经验，成功正是建立在对以往经验教训总结的基础之上的。因此，失败也就不再可怕，也就成为有意义的过程。

对于初级管理者来讲，在管理过程中犯错也是在所难免的。失败并不是一件可怕的事情，在失败之后不懂得总结经验教训，这才是可怕的事情。聪明的管理者善于从失败中总结经验教训，当再次向着目标发起进攻的时候，不至于被同样的困难"绊倒"。

在管理者希望通过某种新型的管理模式来开展工作时，可能会遇到挫折，此时整个团队的员工都会将眼光聚集到管理者身上。管理者如果在此时失败，可能会觉得自己毫无面子，也不会再去总结经验教训，这样的做法往往会导致工作很难继续开展。

世上少有一帆风顺的事，而失败却随时发生，否则，那些"发明家""文学巨人"的美名岂不来得太过简单了？纵观往昔，那些出类拔萃的人之所以会取得成功，正是因为他们能正确对待失败。在失败之后，他们懂得从中汲取教训，获取教益，从而避免再次失败，最后踏上了成功之路。爱迪生的故事我们从小就知道，他一生的发明不计其数，一生的失败更是数不胜数。他曾为一项发明经历了 8000 次失败，每次失败之后，他都会进行总结和分析。当然，他也有感到困惑和迷茫的时候，每到这个时候，他都会问自己为什么要迷茫，为什么会失败，总结经验教训成为他取得成功的关键。

在管理中，失败固然会给人带来打击，但也能使管理者有所收获，它既向我们指出了工作中的错误缺点，又能够启发我们逐步走向成功。失败既是对成功的否定，又是成功的基础。管理者不应该惧怕失败，更不要在失败之后消极不前。

对于管理者来讲，失败并不意味着是多走了弯路，很可能正是通向成功的必经之路。每个人都希望自己能够一次成功，但是没有经验的支撑，一次便能够达到目标的事情实在太少了。那么在失败之后，管理者要如何去做呢？

首先，正视失败。无论结果如何，管理者都应该学会正视失败，不逃避、不推脱，只有能够正视失败的人才有可能从失败中奋起。一代枭雄曹操在赤壁之战后，仓皇而逃，就是在逃跑的时候，他还谈笑风生："胜败乃兵家常事，待我回去，重整军马，他日再战必胜。"这就是对失败的正视，不在失败面前一蹶不振，只有正视失败才有可能取得成功。

其次，经验并非只有在失败后才能获得，在成功之后也能收获经验。管理者应该善于从成功中获取经验，从失败后汲取教训。有些管理者在成功之后得意忘形，不但不会对经验进行总结，甚至会骄傲自大。有些管理者在失败之后，一蹶不振，不思进取，变得堕落，这样的人是不会对团队发展带来帮助的。管理者无论成功与失败，都应该学会总结，为实现团队的奋斗目标而努力。

另外，经验教训的总结需要讲究方法、方式。无论处在怎样的过程中，管理者要善于利用分析法，对事情的发展经过进行分析，并且进行记录，再进行总结，这种分析到总结的过程往往就是经验积累的过程。当然，总结的方式方法有很多，管理者不妨根据自己的喜好和团队的实际情况进行选择。

最后，总结经验教训的目的是利用经验实现成功。不要将经验总结之后弃之不用，或者只是单纯地为了总结经验教训而总结，这样的做法是不可取的。经验教训的总结是为了下一步工作的顺利展开，因此，要懂得用经验教训来成就成功。

在日常管理过程中，管理者应善于用会议的形式来集思广益，这是一种不错的总结经验的途径。当然在会议上，管理者要给予团队成员进行总结教训的机会，同时，不要将总结大会变成批斗大会。

在总结经验教训的过程中，不要脱离实际，这是很多管理者都需要注意的事情。脱离企业实际发展情况的经验总结，往往是不具备使用价值的，同时也是毫无意义的。管理者要总结失败的教训，从教训中获知不利于成功的因素有哪些，有利于成功的因素又有哪些，这样才能真正地促使团队走向成功。

人才成就团队，打造人才型团队

　　随着经济全球化的发展，企业之间的竞争愈演愈烈，无疑，人才已经成为企业和社会发展的核心要素。企业要想在世界市场上占有一席之地，人才便是关键所在。

　　比尔·盖茨曾经说过："如果允许我带走微软的研究团队，我可以重新创造另一个微软。"可见人才对于企业的重要性，人才型团队对于企业的发展起着决定性作用。尤其是在当今社会，一个企业中80%的产值往往是依靠20%有能力的人才创造出来的，如果企业不能够抓住这些核心人才，那么企业的发展势必会受到阻碍。

　　人才对于企业究竟有多么重要？首先，人才的工作效率往往很高，有的还能够通过自身的能力和优势来提升整个团队的工作效率，这样的人不仅能够将自身的优势发挥到最大，还会鼓励其他员工发挥出自身的优势作用。其次，人才往往能够发挥主观能动性，无论是在困境中还是在逆境中，都能开动脑筋，发挥创新思维，实现工作方法的创新、工作环境的创新。最后，人才的素质结构比较完善，无论是在专项知识研究方面，还是在自身道德修为方面，都会表现得比较突出，因此，人才的加入不仅能够对整个团队的发展带来帮助，还有助于提升整个团队的素质。

对于一些著名的大企业来讲，他们之所以能够进行跨越式的发展，和管理者重视人才是息息相关的。以松下集团为例，在1926年，松下委派一名刚年满20岁的年轻人到金泽市办理设立营业所的事情，要知道这并不是一件无关紧要的工作，这对整个松下集团来讲都是十分重要的。而松下之所以敢于任用这么年轻的员工去办理这件事情，就是看到了此员工身上的特质：认真、忠诚。这名年轻的雇员得到了松下的信任，最终出色地完成了任务。重视人才是不需要在意太多附加条件的，有的管理者会担心某个雇员太年轻而做事轻率，但这仅仅是担心，不能当成拒绝重用某个年轻人的借口。

在美国南北战争时期，卡耐基以入股的方式聘请到了当时架桥工程技术专家比波。不仅如此，为了能够留下这名人才，卡耐基不惜重金、投其所好，买下了几匹纯种好马，赠送给了"马迷"比波，从此两人之间建立了比较稳固的合作关系。或许正是这名天才的加入，卡耐基才建立了最为著名的铁桥公司，而正是铁桥公司的成立，让卡耐基走向了钢铁大王的道路。

随着中国加入世界贸易组织，企业之间的竞争变得更加激烈，无论是技术的竞争还是管理水平的竞争，归根到底都是人才的竞争。企业人才成了应对国际、国内市场激烈竞争，实现企业发展与扩张的首要资源。而对于任何一个团队来讲，人才都是具备以下几方面特质的：

第一，忠诚于企业。只有对团队忠诚的人，才可以称之为人才。如果一个人只有能力，却对团队不够忠诚，在企业遇到困难时，他选择"跳槽"，那么这样的人是不适合团队发展需要的。

第二，能够将个人的事业与团队的发展实现统一的人。每个人都有私欲，但这并不意味着可以将私欲放到团队利益之上，因此，私欲太强的人也不利于团队发展。

人才是企业的骨干力量，是团队的中坚力量，管理者不仅要有吸引人才加入的能力，同时也应该善于组建人才型团队。特别是在激烈的市场竞争中，人才型团队的组建不仅有利于团队的整体发展，更能够提升团队的抗打击能力。

那么作为管理者究竟要如何组建人才型团队呢？

首先，建立科学的人才引进机制。任何人都希望自己所投身的团队是一个硬件和软件设施都比较健全的企业，因此，管理者要善于打造企业的硬件和软件，通过品牌影响力来吸引社会上的优秀人才。同时注重团队内部人才的培训与培养，根据各类人才的不同特点和成长规律，进行指导和培养，做到人尽其才。

其次，建立合理的用人体系，创造有利于人才成长的良好环境。员工需要良好的环境和成长空间，管理者一定要创造一个适合人员成长的环境，鼓励人才大胆创新。

再者，建立绩效考核体系，强化对人才的激励措施，完善用人机制。必须重视人才竞争和约束机制，在此过程中，考核与定量考核是在所难免的。建立人才整合体系，对管理者来讲，这点不仅有助于留住人才，同时也有助于建立良好的人才型团队。

最后，管理者要舍得成本，礼贤下士。所谓"重赏之下，必有勇夫。"管理者要将眼光放得长远，不可只看眼前利益，不考虑长远利益，许诺给下属的利益一定要实现。毕竟任何一个人参加工作，其目的中必然包含获得一定的物质利益，因此，管理者需要适当满足下属的物质要求，只有这样才能留住人才，组建人才型团队。

人才是企业发展的根本因素之一，管理者不仅要意识到人才的重要性，更要看到人才对企业的影响力。在同行业中，如果你的团队不是人才型团队，而竞争者的团队却是由一群人才组建的，那么你势必在竞争中处于劣势地位。

将企业看作是大树，人才就是树干。如果树干粗壮，这棵树的枝叶就会无比茂盛，硕果累累。一个企业如果缺乏人才，在企业竞争中势必会处于劣势，如果遇到大的挫折，团队势必会变得被动。

术业有专攻，团队中的
每个人都不是摆设

如果将团队比作一个花园，团队中的每个人就是花园中不同品种的花，一年四季，缺少哪种花的开放，都会影响花园的美丽。可见，团队中的每个员工都有其特长，所谓术业有专攻，团队中没有一个人是"无用武之地"的。

管理者需要看到团队中每个人的特长所在，利用员工的特长，进行工作分配。当然，并不是所有的管理者都能够认清这一点。同样，对于团队中的员工来讲，需要主动发挥自己的特长，从而铸就一支强大的团队。

在1997年的时候，福特公司发布的杂志广告中，60%是针对男性制作的，仅仅只有10%是针对女性制作的。当时，在福特公司任职的一名广告策划副经理罗斯·罗伯特通过对市场的深入调查和分析发现，在汽车市场，女性购买者不在少数，可以占到总购买者的65%，因此，他在1997年中期便将60%的广告目标投向了女性消费者。

这一举措不仅帮助董事会意识到了女性消费市场的重要性，同时，董事们惊喜地发现，女性消费者对这些广告十分的满意。由于罗伯特将事情做在前面，为福特汽车占领女性市场赢得了巨大的先机，董事会决定提升其为部门经理。

对于罗伯特来讲，他擅长研究和分析消费者，并能够将其运用到广告投放比例方面，从而给企业带来了巨大的经济利益。企业管理者需要看到员工的长处，并利用其长处，进行工作安排和分配，从而达到高效工作的目的。

作为团队的管理者，应该对每个员工负责，那么就需要其看到每个员工的优势所在。首先，管理者需要从岗位特点出发，不同的岗位对员工的能力要求不同，管理者要对岗位进行分析，比如销售岗位除了要求工作人员具备一定的沟通技巧外，更重要的是要求员工具备一定的心理素质和销售技巧；财务人员除了具备专项的财务知识外，还需要具备做事认真、负责的素质等。管理者需要根据不同岗位的特质对人员进行分配安排，不能一概而论。

其次，管理者如果有足够的精力，不妨多对团队中的员工进行分析和了解。当然，并不是所有的管理者都会有这么多的时间和精力去分析每一位员工的，但是管理者起码要对重要岗位上的员工进行了解和优势分析，了解这些岗位上的员工究竟有哪些特长，以便更好地安排工作。当然，了解员工需要管理者的细心观察，多与下属接触，这样才能达到了解每一位员工的目的。

最后，术业有专攻，不要以自己喜好为标准安排人员。有的管理者性格比较活跃，喜欢下属活跃，不喜欢下属"死气沉沉"的，在分配工作的时候，总是会先想到那些与自己性格相投的人。其实，对于一些岗位来讲，反而需要那些能够沉得住气的人来完成，比如财务岗位就需要员工性格沉稳。因此，管理者不要依自己的喜好来安排工作，要根据不同员工的特长来进行工作分配。

比尔是一家科技公司的总经理，他的公司主要服务于各大科技馆和博物馆，在他的公司内，每一个岗位上的人都是经过他面试过后入职的。比如，他的项目经理劳尔，善于交际，并且熟悉整个项目的流程和操作步骤；设计师劳伦斯从事设计十年之久，能够应付所有复杂的设计和解决设计难题。

"曾经，我希望让我的秘书学习资料员的工作，然后省去资料员的人工成本。可是我发现我的秘书做事情比较马虎，不擅长资料整合等方面的工作，开始我希望通过我的教导让他有所长进，最后我发现他所擅长的还是对我的行程的安排和下达命令方面的工作。既然他有他的擅长，我又何必强迫他做他不擅长的事情，从而加大公司出错的风险呢？"比尔说道。

在管理过程中，很多管理者都会有像比尔一样的思想，即想让一名能够做好本职工作的员工来兼任其他工作。这名员工可能不适合做某项工作，但有的管理者为了节约人工成本，会将某项工作强加给某位员工，最终这名员工可能会连自己的本职工作都做不好。由此可见，管理者不要将自己的意志强加给某个员工，要知道每个员工都有其特长所在。

在一个团队中，每个员工都不会是团队的摆设，团队是不养闲人的。管理者应该看到员工的特长，利用员工的特长，实现团队的优化。如果管理者不能看到员工的专长，而是一味地按照自己的喜好做事情，那么团队是不会得到大的发展的。

学习与创新，让团队处于不败之地

　　任何一个团队从起步，到壮大，直至走到国内外同行业的前列都是一个成功的过程，分析其成功的因素不难发现，创新是其发展的生命。作为团队的管理者更要重视学习与创新，创新在企业发展过程中具有重大的意义，而学习能力更是实现创新的重要途径。

　　任何一个知名企业的管理者都会不断地自我学习，并引导员工进行创新。在管理模式上，管理者也要寻求最科学的管理模式，或者创新管理模式，根据团队的实际情况，建立新型的管理模式。作为管理者为什么要注重学习与创新呢？

　　首先，学习与创新是团队的活力之源。一个团队不懂得学习与自我提升，就没有创新，便是死水一潭，根本无法前进。即便稍有前进，也会瞬间被打回原形。对成功的企业进行研究，不难发现他们成功的秘诀都离不开自我学习与自我创新。以阿里创始人马云为例子，他正是顺应了市场要求，不断学习新的互联网经营模式，在思维创新上做到了"先知先觉"，他以让人们足不出户就能买到自己满意的产品为出发点，创立了阿里巴巴和淘宝网站，实现了互联网的一场新的革命。这种新的消费方式获得了大众的认可，同时也成就了"阿里帝国"。

　　其次，学习与创新是团队制胜的法宝。每一个团队都会根据自己的产品对消费者进行研究，不断实施创新，学习新的经营理念和科技。中国有句俗语，叫"一招鲜，吃遍天"。意思就是，只有你拿出自己的"绝活"，做到"人无我有，人有我精"，这样才能经受住市场的考验，获得消费市场的认可，从而发展壮大自己的团队。尤其是在当今社会，在如此激烈的市场经济竞争环境之下，企业要想立足世界经济之林，就要敢于创新，管理者就更要学会创新，懂得创新。

最后，注重学习与创新，就必须有效地整合利用资源。资源整合的过程就是一个学习与创新的过程。美国著名经济学家德鲁克曾经说过："创新不在于你拥有多少资源，而在于你是否能有效地整合、利用全球范围内的资源。"在当今社会，企业的发展水平已经不仅仅限于你拥有多少资源，拥有多少技术，还在于你的创新能力是高是低。我们不得不承认，资源变不成商品，技术也不一定能走上市场。因此，管理者需要做的就是不断自我学习，促进创新的实现。一个善于创新的管理者，不仅能够获得足够的资源，更能够合理利用资源，达到资源的优化配置。

管理者必须进行创新。同时，管理者要将战略定在全球基点上，目光盯向头排老大，大胆地引进、借鉴先进技术，在此基础上，积极进行机制、产品、技术、管理等方面的创新，要知道一个团队没有创新，就没有新生。

管理者不仅要学会创新，更重要的是懂得学习。学习型的管理者总是能够利用一切时间和精力去进行自我完善。那么管理者要从哪几方面进行学习呢？

第一，学习同行业的先进知识。每个行业与行业之间是存在差别的，管理者要学习本行业的特点和专业知识，这不仅有利于团队的发展，更有利于管理者做出正确的抉择，为团队指明方向。

第二，学习先进的管理方式。在当今社会，运用先进的管理方式不仅能够做到资源优化配置，还有利于团队人员配置的调整。在管理界，优秀的管理方式总是能够促使团队在最短的时间内达到目标。

第三，学习现代的管理技巧。在团队管理的过程中，要掌握一定的管理技巧。这不仅能够促使团队在有限的时间内高效工作，更有利于团队协作。因此，管理者不妨学习一些管理技巧，比如著名企业的管理技巧和方式，借鉴其管理经验。

在整个团队管理中，管理者不仅充当着领头人的角色，还要充当团队创新带头人的角色。当团队的管理者十分重视创新与学习的时候，其下属肯定也会不断地学习与创新，整个团队就会呈现出活跃、积极的态势，在团队遇到挫折时，也能够通过不断地自我完善与创新，来战胜挫折，实现发展壮大。

激励机制，促使员工塑造自我

　　究竟什么是激励机制？就是通过某些特定的方法和管理体系，将员工对企业及工作的承诺进行最大化实现的过程。对于每个团队来讲，激励机制都是存在的，只是有些团队的激励机制不够完善和健全。很多管理者会通过完善的激励机制来促使员工实现自我塑造和自我提高。

　　在任何一个团队里，要想达到企业目标肯定离不开团队每个人的努力和拼搏。任何一个团队管理者，都希望员工能够尽自己所能为团队做出贡献，而对于员工来讲，也希望团队能够赋予其足够的劳动价值和报酬。优秀的管理者会利用健全的激励机制来达到资源优化配置的目的。

　　很多企业存在"鞭打快牛"的现象，即很多骨干人员越是能干、越是表现优秀，越是会被管理者鞭策和增加工作量，这种现象多出现在销售团队中，销售骨干越是能干，越是会增加任务量和工作难度，这就让"快牛"不堪重负，甚至得不到喘息的机会。相反，能力小的"慢牛"任务相对较小，工作相对轻松，干得少、干得不好也没关系，也不会进行处罚，这种"鞭打快牛"的团队不但会让团队员工感觉到不公平，也不利于留住人才。

　　古人有言"赏一人而万人悦之，赏之"，这就要求管理者能够肯定表现优秀的员工，激励肯付出的员工，激励会强化和鼓励企业的高效发展。那么作为企业管理者，应该了解激励机制包含的几种形式：

第一，薪酬激励。这种激励方式是很多管理者都知道的，也是惯用的方式。薪酬鼓励的作用是毋庸置疑的。这种激励方式不仅能够体现出岗位价值，还能够体现出内外公平性。在工作中，干得多、干得好就能够得到加薪，干得不好或者是干得少就得不到加薪的机会，这是一种公平的激励手段，这种方式通常能够得到员工的认可。

第二，目标激励的方式。管理者可以根据团队发展和职位的要求，给予员工一定的工作目标和前景，他们会朝着这个方向去努力，从而实现自我超越和自我管理。在实行这种激励方式的时候，一定要注意两点：一方面员工看中的是什么，有的员工只看重眼前的经济利益，对待这种员工实行目标激励往往是没有效果的；另一方面要切合实际，目标定的不可过大，太过遥远的目标或者很难实现的目标不但不会起到激励员工前进的作用，甚至会打消员工的积极性。

美国哈佛大学教授威廉·詹姆斯经过多年的研究和分析发现，实行计件工资的员工能力只是发挥其本身能力的30%，而在受到充分鼓励和激励之后的员工，其能力最高可发挥至90%。由此可见，通过激励，可以促使员工充分地发挥其技能和创造力，保证工作高效完成。

浙江方太厨具有限公司，在短短六年时间里，就从无到有，由全国二百多家吸油烟机制造商中最差的一家，成了一个中国厨具品牌中的佼佼者。其成绩的取得除了受到二次创业转型成功的影响之外，很大一部分归功于方太集团在人力资源方面的开发，尤其是其在内部激励机制方面进行了改革和完善。比如方太集团根据企业的实际情况，实行车间承包制，公司管理者通过提拔优秀的模具工为车间主任，让他们承包车间，并给予他们一定的用人、薪酬方面的权力，从而激发了员工的干劲儿，减少了不必要的开支，最终实现了资源优化配置，提升了企业的产能。

　　企业本身是一个环环相扣的团队，团队中的每个人都希望通过自己的劳动付出获得相应的报酬，而激励机制就是企业公平的体现。对于表现好的员工就应该奖励，对于表现差的员工就应该进行处罚。当然，任何一个企业在成立之初，其激励机制都不可能是完善的，而一个团队要想完善其激励机制，就必须注意以下几方面的问题：

　　第一，完善激励机制不能停留在书面上。管理者要意识到诚信的重要性，当团队制定出了激励办法，就应该执行。在很多企业，其制度性的激励条款很多，但是真正实施的却很少。比如一家文化传媒公司，在其激励机制中有一条：每月评选一名优秀员工，该优秀员工可以在第二月份享受比其他员工多两天的假日奖励。但这条激励机制只是停留在书面上，没有在这家传媒公司实施。

　　第二，杜绝建立的激励机制片面化。有的管理者只是为了激励员工而建立了一些制度，却忽视了其操作难度和负面影响，这样片面的激励措施往往是不可取的，也是不合理的。因此，管理者应该在全面分析之后，再决定要不要实施某项激励措施。

　　第三，存在一劳永逸的心态。管理者应该意识到，根据企业发展阶段的不同，企业所实行的激励措施也是存在差异的。因此，作为公司的管理层，应该根据实际情况建立激励政策，避免出现政策跟不上实际的情况。

　　注重激励机制的管理者总是能够在适当的时候对团队的激励措施进行合理调整，从而完善激励体系，促进团队发展。优秀的管理者能够通过一系列健全的激励措施，达到促使员工进行自我完善的目的，从而实现团队的高效协作。